Soziale Wirkungsmessung im Social Entrepreneurship

AF166808

Reviewed Research. Auf den Punkt gebracht.

Springer VS Results richtet sich an AutorInnen, die ihre fachliche Expertise in konzentrierter Form präsentieren möchten. Externe Begutachtungsverfahren sichern die Qualität. Die kompakte Darstellung auf maximal 120 Seiten bringt ausgezeichnete Forschungsergebnisse „auf den Punkt".
Springer VS Results ist als Teilprogramm des Bereichs Springer VS Research besonders auch für die digitale Nutzung von Wissen konzipiert. Zielgruppe sind (Nachwuchs-)WissenschaftlerInnen, Fach- und Führungskräfte.

Lars Repp

Soziale Wirkungs-
messung im Social
Entrepreneurship

Herausforderungen und Probleme

 Springer VS

Lars Repp
Universität St.Gallen, Schweiz

ISBN 978-3-658-03009-4   ISBN 978-3-658-03010-0 (eBook)
DOI 10.1007/978-3-658-03010-0

Die Deutsche Nationalbibliothek verzeichnet diese Publikation in der Deutschen Natio-
nalbibliografie; detaillierte bibliografische Daten sind im Internet über http://dnb.d-nb.de
abrufbar.

Springer VS
© Springer Fachmedien Wiesbaden 2013
Das Werk einschließlich aller seiner Teile ist urheberrechtlich geschützt. Jede Verwertung,
die nicht ausdrücklich vom Urheberrechtsgesetz zugelassen ist, bedarf der vorherigen Zu-
stimmung des Verlags. Das gilt insbesondere für Vervielfältigungen, Bearbeitungen, Über-
setzungen, Mikroverfilmungen und die Einspeicherung und Verarbeitung in elektronischen
Systemen.

Die Wiedergabe von Gebrauchsnamen, Handelsnamen, Warenbezeichnungen usw. in diesem Werk berechtigt auch ohne besondere Kennzeichnung nicht zu der Annahme, dass
solche Namen im Sinne der Warenzeichen- und Markenschutz-Gesetzgebung als frei zu betrachten wären und daher von jedermann benutzt werden dürften.

Gedruckt auf säurefreiem und chlorfrei gebleichtem Papier
Springer VS ist eine Marke von Springer DE. Springer DE ist Teil der Fachverlagsgruppe
Springer Science+Business Media.
www.springer-vs.de

Danksagung

Dieses Buch, die Bachelorarbeit als Grundlage dieser Publikation und mein Weg dorthin wären ohne eine Vielzahl von Menschen – Familie, Freundinnen und Freunden, Unterstützerinnen und Unterstützern – und Institutionen so nicht möglich gewesen. Ich danke allen, die mich auf meinem Weg zu diesem Buch begleitet haben, im Besonderen:

Jörg Metelmann, der mich seit meinen ersten akademischen Gehversuchen inhaltlich wie persönlich begleitet.

Markus Strauch und Timon Beyes, die mir vertrauensvoll alle Freiheiten gegeben haben, diese Arbeit so zu entwickeln, wie ich es für gut und richtig hielt. Markus Strauch hat als inhaltlicher Betreuer dieser Arbeit mit seinen Hinweisen und Anmerkungen zudem den gewissen Schliff mitgegeben.

Die 11 Interviewpartnerinnen und Interviewpartner, die mit ihrer Zeit, ihren Gedanken und ihrem Vertrauen in mein Vorhaben dieses Buch geformt haben.

Britta Göhrisch-Radmacher und Dorothee Koch von Springer VS, die mit ihren Anmerkungen diesem Buch den allerletzten Feinschliff gegeben haben.

Der Universität St.Gallen, die – als Institution mit ihrem System einer aktivierenden Lehre und ihren inhaltlichen Freiheiten – ein solches Projekt erst in mein Blickfeld gebracht hat.

Und vor allem meinen Eltern, die in einzigartiger Art und Weise diese Arbeit durch das unermüdliche Lesen des Textes und die grenzenlose Unterstützung meiner persönlichen und akademischen Entwicklung ermöglicht haben.

Lars Repp

Inhaltsverzeichnis

Abbildungsverzeichnis

Abkürzungsverzeichnis

bspw.	beispielsweise
bzw.	beziehungsweise
CSP	Corporate Social Performance
CSR	Corporate Social Responsibility
etc.	et cetera
NPO	Non-Profit-Organisation
o.g.	oben genannt(e/n)
SE	Social Entrepreneurship
SEO	Social Entrepreneurial Organisation
SI	Social Impact
SIM	Social Impact Measurement
SROI	Social Return on Investment
SRS	Social Reporting Standard
TOC	Theory of Change
u.a.	unter anderem
u.U.	unter Umständen
v.a.	vor allem
vgl.	vergleiche
z.B.	zum Beispiel

Aus Gründen der besseren Lesbarkeit wird in dieser Veröffentlichung auf die gleichzeitige Verwendung männlicher und weiblicher Schreibformen verzichtet. Es wird ausdrücklich darauf hingewiesen, dass die Verwendung männlicher oder weiblicher Schreibweisen, sofern im Kontext nicht anders hervorgehoben, als geschlechtsunspezifisch zu verstehen ist.

1 Einführung

1.1 Problemstellung

Der Titel dieses Buch lautet „Soziale Wirkungsmessung im Social Entrepreneurship – Probleme und Herausforderungen". Diese Publikation basiert auf einer Studie, die als Bachelorarbeit unter dem Titel „Social Impact Measurement im Social Entrepreneurship – eine Problemanalyse" verfasst wurde.[1,2] Aus wissenschaftlicher Sicht beinhaltet dieser Titel etliche undefinierte Konzepte, die eine wissenschaftliche Abhandlung überbordend, abstrakt oder unkonkret werden lassen können. Es stellen sich die Fragen: Was ist Social Impact (SI)? Was ist Social Impact Measurement (SIM)? Was ist Social Entrepreneurship (SE)? Was ist Social Impact Measurement im Social Entrepreneurship? Die Aufgabe dieser Abhandlung ist nicht, all diese Fragen umfassend zu beantworten, sondern vielmehr eine Position in diesem Forschungsfeld zu beziehen und den bisherigen Forschungsstand weiter voranzubringen. SE, auf Deutsch *Sozialunternehmertum*, befindet sich in einer Phase der Forschung, die Kuhn (1962) als vorparadigmatisch bezeichnet und in der es bislang keinen (paradigmatischen) Konsens über die relevanten Begrifflichkeiten gibt und noch keine gemeinsame Erkenntnistheorie besteht (Santos, 2009, S. 4; Nicholls, 2010a, S. 611). Die Frage, ob das Konzept des SE *überhaupt* eine

---

1 Die dieser Publikation zugrundliegende Bachelorarbeit wurde 2012 an der Universität St.Gallen, Schweiz angenommen. Betreut wurde diese Arbeit von Markus Strauch und Timon Beyes.

2 Im Folgenden wird daher maßgeblich der Begriff des Social Impact Measurement (SIM) in weitgehender Analogie bzw. Annäherung an den Begriff der sozialen Wirkungsmessung verwendet.

Legitimation besitzt, wird oft an der Ungewissheit festgemacht, ob SE
Wirkungen aufweisen kann, die seine Existenz neben Non-Profit-
Organisationen (NPO), öffentlichen Einrichtungen und der Privatwirt-
schaft legitimieren.[3] Die Frage nach den Wirkungen des Phänomens des
SE im Allgemeinen und des einzelnen Social Entrepreneurs ist höchst
schwierig zu beantworten. Das Fehlen eines eindeutigen Verständnisses
von sozialer Wirkungsmessung bzw. SIM[4], unzureichende Methoden
und der Mangel an empirischen Untersuchungen erscheinen hierbei als
zentrale Hindernisse. SIM befindet sich in zwei grundsätzlichen Spannungsfeldern: Erstens stehen sich begrenzte Ressourcen und unendlich
scheinende Möglichkeiten, was im SIM gemessen werden könnte, gegenüber. Zweitens bewegen sich Verständnis und Anwendung des SIM zwischen Wissenschaft, Praktikern und Social Entrepreneuren in einem
Spannungsfeld, da diese jeweils einen eigenen Umgang mit diesem Problemfeld haben. Die wissenschaftliche Auseinandersetzung scheint dabei
einem grundlegenden Paradoxon des Forschungsgegenstandes SE nicht
genügend Aufmerksamkeit zu schenken. Dieses besteht darin, dass die
Ansichten der zentralen Akteure, der Social Entrepreneure marginalisiert
werden (Nicholls, 2010a, S. 626). In dieser Arbeit basiert daher das For-
schungsdesign darauf, die Sichtweise der Social Entrepreneure mit wissenschaftlichen Erkenntnissen und Ansichten von Wirkungsmessungsexperten in Beziehung zu setzen.

---

3 Siehe bspw. Andersson (2011).
4 Zur Verwendung dieser Begriffe wird auf Fußnote 2 verwiesen.

1.2 Struktur dieses Buches

1.2.1 Forschungszielsetzung

Dieses Arbeit hat zum Ziel SE auf zwei Ebenen zu beleuchten. Eine besteht in der Berücksichtigung der Debatte, in welche Richtung und mit welchen methodologischen Ansprüchen sich die Forschung über SE entwickeln soll; die andere ist die Entwicklung einer empirisch begründeten Übersicht der relevanten Problematiken der sozialen Wirkungsmessung im SE. Demnach lautet die zentrale Forschungsfrage dieser Arbeit:

Welche Problematiken sehen und erleben Social Entrepreneure und externe Wirkungsmessungsexperten in der sozialen Wirkungsmessung?

Als Beitrag zur Diskussion über die Entwicklung und Rolle der Forschung über SE strebt diese Arbeit keine ganzheitliche Erörterung bestehender Konfliktlinien oder notwendiger Entwicklungsbereiche an, sondern versucht mit einem reflektierten und selbstkritischen Umgang in den einzelnen Abschnitten einen Beitrag zu einer reflexiven Auseinandersetzung mit dem Begriff SE, dessen Wirkungsmessung und dem allgemeinen Forschungsumgang mit dem Phänomen des SE zu leisten.

In Bezug auf den konkreten Untersuchungsgegenstand, die Ausgangssituation sozialer Wirkungsmessung im SE darzustellen, versucht diese Studie eine erste empirisch begründete Übersicht bestehender Problematiken zu entwickeln, welche die Sichtweisen von Forschung, Social Entrepreneuren und Praktikern zusammenführt. Der Social Entrepreneur wird in dieser Arbeit als zentraler Akteur und damit als zentrale Dynamik der Wirkungsmessung angesehen.

Diese erste Aufstellung der Probleme soll Grundlage für weitere empirische Forschungen sein.

1.2.2 Forschungsaufbau

Um diese Arbeit in den Gesamtkontext der Debatte über SE einzuordnen, werden einführend das Konzept des SE (1.3.1.1), der Forschungsstand (1.3.1.2) und der Begriff des Social Impacts (SI) (1.3.2) diskutiert.

In einem zweiten Schritt werden zunächst Entwicklungen, die zu verstärkter Wirkungsorientierung im SE geführt haben (2.1) und das SIM konzeptionell greifbar gemacht (2.2). Anschließend werden Ansätze zur Wirkungserhebung diskutiert (2.3) und der Umsetzungsstand in der Praxis (2.4) veranschaulicht.

Die Analyse der Probleme im SIM wird mit den Anforderungen an Wirkungsmessung eingeleitet (3.1). Im Anschluss werden die in der Forschungsliteratur festgestellten Probleme in der sozialen Wirkungsmessung ausgewertet (3.2). Im Sinne einer ganzheitlichen Analyse werden exemplarisch verwandte Forschungsdiskussionen aus den Gebieten der Sozialen Arbeit (3.3.1), der Entwicklungszusammenarbeit (3.3.2) sowie des Profit-Bereichs (3.3.3) vorgestellt.

Kern der Arbeit ist eine qualitative Untersuchung bestehender Probleme im SIM mittels qualitativer, halb-strukturierter Interviews mit sechs Social Entrepreneuren und fünf externen Wirkungsmessungsexperten: Nach Darstellung des Untersuchungsdesigns (4.1) und methodischen und forschungstheoretischen Überlegungen (4.2, 4.3.1 und 4.3.2) werden die durchgeführten Interviews mit den Social Entrepreneuren (4.3.3), ergänzt durch die Interviews mit externen Wirkungsmessungsexperten (4.3.4), im Hinblick auf die beschriebenen Problematiken analysiert. Darauf aufbauend wird eine ganzheitliche Darstellung bestehender Probleme im SIM entwickelt (5.1). Diese mündet in einen Entwurf möglicher Optimierungspotentiale (5.2).

1.3 Grundlegende Konzepte

1.3.1 Social Entrepreneurship

1.3.1.1 Definitionsansätze

Sowohl in der akademischen als auch in der praxisbezogenen Diskussion findet sich keine einheitliche Definition des Begriffs SE (bspw. Mair & Martí, 2006; Nicholls, 2006; Short, Moss & Lumpkin, 2009).[5] Die Unklarheit der Definition erscheint auch mit einer fehlenden Theorieentwicklung des Phänomens des SE verbunden zu sein (bspw. Haugh, 2012, S. 5; Nicholls, 2010a, S. 611; Santos, 2009, S. 4). Paettie und Morley (2008, S. 95f.) identifizieren in der Definitionsfrage als grundlegende Problematik, dass nicht zwischen primären Schlüsselcharakteristiken und bereichsspezifischen Ausprägungen unterschieden wird. Viele Definitionen erklären demnach spezifische Charakteristika zu Hauptmerkmalen für das gesamte Phänomen des SE.

Als Ausgangspunkt der weiteren Erläuterungen liegt folgende Arbeitsdefinition zu Grunde: SE ist ein Phänomen, dass den innovativ-lösungsorientierten, unternehmerischen Umgang mit gesellschaftlichen Problematiken umfasst (in Anlehnung an Austin, Stevenson & Wei-Skillern, 2006, S. 2; Mair & Martí, 2006. S. 37). Bei der Betrachtung dieser Arbeitsdefinition zeigen sich grundlegende Problemfelder der Definitionsfrage. Im Mittelpunkt steht dabei die Frage, welche Kriterien SE definieren. Ist es der Innovationsgrad, die soziale Zielsetzung, das Ge-

---

5 Die Frage des Verständnisses schließt die definitorischen Unklarheiten der Akteurs- und Organisationsbegriffe (u.a. Social Entrepreneur (Sozialunternehmer), Social Enterprise (Sozialunternehmen) und Social Business) mit ein.

schäftsmodell, der angestrebte oder tatsächliche Impact[6] und/oder die organisatorischen Strukturen?[7]

Ausgangslage für das Verständnis von SE sind zwei divergierende Denkschulen. Diese sind die „Social Enterprise School of Thought" und die „Social Innovation School of Thought" (Dees & Anderson, 2006, S. 41ff.).[8] Erstere versteht SE als maßgeblich ökonomisch motivierte Verbindung von Einkommensgenerierung und sozialen, gesellschaftlichen Zielsetzungen. Der Social Entrepreneur als Akteur ist demnach ein Unternehmer, der Einkommen in Verbindung mit einer gesellschaftlichen Zielsetzung generiert. Letztere hingegen versteht SE als Bestreben, einen gesellschaftlichen Wandel durch unternehmerisch-innovative Anstrengungen zu erreichen. Im Schumpeterschen Sinne (1934) revolutioniert der Social Entrepreneur den Umgang mit einer Problematik durch neuartige Problemlösungsansätze, um so eine bessere Lösungsfähigkeit zu erreichen.

Eine zentrale Diskussionslinie, die sich v.a. innerhalb der „Social Innovation School of Thought" entwickelt hat, ist die Diskussion darüber, ob eher inkludierende oder exkludierende Begriffsfestsetzungen für das Phänomen des SE förderlich sind. Dies zeigt sich exemplarisch an der Diskussion der folgenden Ansätze, die sich in Tätigkeitsumschreibung, Zielsetzung und Eingrenzung der Akteure unterscheiden. Dies ist zum einen die inkludierende Definition Lights (2006):

> „A social entrepreneur is an individual, group, network, organization, or alliance of organizations that seeks sustainable, large-scale change through pattern-breaking ideas in what or how governments, nonprofits, and business do to address significant social problems." (S.50),

zum anderen die exkludierende Definition Martins und Osbergs (2007):

---

6 Für ein einführendes Konzept von Impact (bzw. SI) siehe Abschnitt 1.3.2.

7 Kriterien aufbauend auf SE-Definition-Matrix von ChangeFusion (Appanah, S.D. & Estin, B.). Verfügbar unter: http://www.scribd.com/doc/8451734/Social-Entrepreneur ship-Definition-Matrix [22. März 2012].

8 Siehe für den deutschsprachigen Raum hierzu auch Strauch, Schröer und Schmitz (2006, S. 206).

> „The social entrepreneur should be understood as someone who targets an unfortu-
> nate but stable equilibrium that causes the neglect, marginalization, or suffering of a
> segment of humanity; who brings to bear on this situation his or her inspiration, direct
> action, creativity, courage, and fortitude; and who aims for and ultimately affects the
> establishment of a new stable equilibrium that secures permanent benefit for the tar-
> geted group and society at large." (S. 39).

Auch wenn diese Frage nicht abschließend beantwortet ist, so relativierte Light (2008, S. 11ff.) sein Begriffsverständnis dahin gehend, dass die Definition zu wählen sei, die den Begriff SE nicht aushöhle, sondern die Zielsetzung von SE im Sinne der Verbesserung gesellschaftlicher Problemlagen vorantreibe.

In Analogie zu den o.g. Denkschulen lassen sich in der Analyse existierender Definitionsansätze zwei weitere Linien erkennen, einerseits die Betonung der Kombination sozialer und ökonomischer Zielsetzungen, andererseits die deutliche Hervorhebung der sozialen Zielsetzungen. Diese sind u.a. als Kreation sozialen Werts, gesellschaftlichen Mehrwerts oder sozialer Gerechtigkeit definiert (Zahra, Gedajlovic, Neubaum & Shulman, 2009, S. 521f.). Die Definitionsdebatte steht vor der Notwendigkeit, die dahinter stehenden, abstrakten Begriffe wie „sozial" und „unternehmerisch-innovativ" sowie die Abgrenzung oder Verschmelzung der beiden Denkschulen zu diskutieren.

Der Versuch Santos' (2009), im Rahmen einer ökonomischen Theorie SE nicht als hybriden Prozess zwischen Sozial- und Wirtschaftssektor, sondern vielmehr als Prozess eigener Ordnung und Logik zu definieren, stellt einen alternativen, theoriebasierten Ansatz dar.[9] SE nimmt sich gesellschaftlicher Problematiken an, die angesichts von Markt- und Staatsversagens nicht gelöst werden. Dies basiert auf dem Konzept der Wertgenerierung und Wertaneignung: Wirtschaftsunternehmen sind nur dort aktiv, wo durch (gesellschaftliche) Wertgenerierung auch Wertaneignung möglich ist. SE hingegen kann nur dort aktiv sein, wo zwar

---

9 Nach Meinung des Autors dieser Arbeit basiert die ökonomisch begründete Theorie Santos' auf einer unzureichenden Begründung der Motivation des einzelnen Social Entrepreneurs.

gesellschaftlicher Wert generiert wird, Wirtschaftsunternehmen aufgrund fehlender Aneignungsmöglichkeiten jedoch nicht tätig sind.

Da im Untersuchungsteil dieser Arbeit schwerpunktmäßig Social Entrepreneure, die *Fellows* von Ashoka Deutschland sind, interviewt werden, ist anzumerken, dass SE-Organisationen wie Ashoka oder die Schwab Foundation for Social Entrepreneurship eine wichtige Rolle im Prozess der Formung des Begriffsverständnisses spielen (Nicholls, 2010a, S. 619; Rummel, 2011, S. 22ff.). Die Auszeichnung als Social Entrepreneur durch SE-Organisationen trägt dazu bei, dass diese Klassifizierung den Social Entrepreneur zum Gegenstand der SE-Forschung macht. Ashoka versteht den Social Entrepreneur als Gesellschaftsarchitekten, der soziale Probleme nachhaltig und weiträumig löst.[10] Die Frage der Finanzierung wird explizit offen gelassen (von vollständiger Deckung durch Spenden/Zuwendungen bis hin zu einem gewinnbringenden Geschäftsmodell).[11] Ashokas Definition ist demnach der Social Innovation School of Thought zuzuordnen.

In dieser Arbeit wird SE als die institutionalisierten Anstrengungen eines Social Entrepreneurs verstanden, eine gesellschaftliche Problematik innovativ, nachhaltig und ganzheitlich zu verändern.[12] Im Sinne einer neutralen Formulierung der institutionalisierten Form wird eine solche als Social Entrepreneurial Organisation (SEO) bezeichnet.

1.3.1.2 Forschungsdiskussion

Die zentralen Fragen in der aktuellen Forschungsdiskussion umfassen das o.g. definitorische Verständnis von SE.[13] Dieses „definitional mine-

---

10 Vgl. http://switzerland.ashoka.org/social_entrepreneur [22. März 2012].

11 Vgl. http://switzerland.ashoka.org/beziehung_se_sb [22. März 2012].

12 Diese Arbeitsdefinition ist im Sinne des Forschungsdesigns gewählt worden. Es wird darauf hingewiesen, dass an dieser Stelle v.a. die Form der Institutionalisierung des SE nicht weiter diskutiert werden kann.

13 Dieser Abschnitt kann aufgrund des beschränkten Umfangs dieser Arbeit nur einige Aspekte der bestehenden Forschungsdiskussion berücksichtigen; auf einzelne, aufstre-

field" (Peattie & Morley, 2008, S. 95) bezieht sich u.a. auf die Frage, ob, wie und welche Definition für das Forschungsfeld zielführend ist; dabei bindet die Diskussion nicht nur forschungsbezogene Ressourcen, sondern ist in jeder Einleitung eines Forschungsbeitrags über SE zu finden. Zunehmend wird die Frage der definitorischen Festlegung mit methodologischen Überlegungen verknüpft. Aus methodologischer Sicht wird v.a. auf die Problematik fehlender empirischer Untersuchungen hingewiesen (Short et al., 2009, S. 165ff.; Nicholls, 2010a, S. 626). Darüber hinaus ist die Entwicklung empirisch überprüfbarer Theorien ein wichtiger Schritt in der definitorischen Debatte.

Ein sich weiter eröffnendes Diskussionsfeld ist die (konstruktivistische) Frage, ob SE-Forschung soziale Realitäten schafft oder beeinflusst und daher die Aktivitäten von Social Entrepreneuren beeinflussen kann. Hierbei wird ein reflexiver, kritischer Umgang mit der Rolle der eigenen Forschung in den Fokus gerückt (Steyaert & Dey, 2010, S. 238ff.). Diese Diskussion wird v.a. in den Kontext der Definitionsfrage gestellt. Konsequenz eines verantwortungsvollen Umgangs ist aus forschungstheoretischer Sichtweise die Fokussierung auf Theoriebildung und empirische Überprüfung (Nicholls, 2010a, S. 625ff.).

Eine aktuelle Metaanalyse Shorts et al. (2009) beschäftigt sich eingehender mit der Frage, welche Forschungsdisziplinen sich mit dem SE auseinandersetzen. Demnach ist eine Omnipräsenz wirtschafts- und managementwissenschaftlicher Beiträge erkennbar, zugleich sind Potentiale für andere Disziplinen zu sehen. Eine Metaanalyse Hills, Kotharis und Sheas (2010) clustert die existierende Literatur entsprechend folgender wirtschaftswissenschaftlich begründeter Denkschulen: „Entrepreneurship", „Social", „Governance" und „For-Profit and Non-Profit".[14] Im

---

bende Forschungsfelder, bspw. das Scaling von SI wird daher nicht eingegangen (siehe hierzu bspw. Bloom und Chatterji (2009) und Bloom und Sklott (2011)). Für weiterführende Diskussionen wird neben den in diesem Abschnitt genannten Autoren auf Haugh (2005) und für den deutschsprachigen Raum auf Strauch, Schröer und Schmitz (2012) verwiesen.

14 Es wird darauf hingewiesen, dass die beiden gegenübergestellten Studien auf unterschiedlichen Untersuchungsdesigns basieren. Der oben angestellte Vergleich bezieht sich

Hinblick auf zukünftige Forschungsfelder zeigt eine Analyse von 248 wissenschaftlichen Beiträgen durch Gras, Mosakowski und Lumpkin (2011, S. 32ff.) eine – zwar empirisch begründete, aber kaum konkretisierte – Bandbreite von 27 zukünftigen Potentialfeldern der SE-Forschung. Die hauptsächlich in englischsprachigen Publikationen dargestellte Forschung hat sich in den letzten Jahren auch im deutschsprachigen Raum entwickelt.[15] Dies ist v.a. deshalb von Bedeutung, weil das Phänomen des SE in Deutschland andere strukturelle Voraussetzungen findet als im forschungsdominanten angelsächsischen Raum (Vollmann, 2008, S. 22ff.). Darüber hinaus besteht die Notwendigkeit, englische Fachtermini für den deutschen Sprachgebrauch eindeutig zu definieren.

1.3.2 Social Impact

Der für diese Arbeit zentrale, aus dem diesen Forschungszweig dominierenden angelsächsischen Raum stammende Begriff des SIM baut auf dem Verständnis des Terminus SI auf. Dabei wird SI als abstrakt zu fassender Begriff sowohl in der Forschung als auch in der Praxis in unterschiedlichster Weise verwendet. Im Kontext des SE kann Impact – je nach Beurteilungsperspektive – sowohl als positive als auch negative Wirkung(en) sozialunternehmerischer Tätigkeit verstanden werden. Jägers (2010) Definition, die ein weitreichendes Verständnis von Impact aufzeigt, versteht SI in diesem Kontext wie folgt: „Social impact is about what an organization contributes (positive or negative) to its social context" (S. 128). In Kontrast hierzu grenzen van Schooten, Vanclay und Slootweg (2003, S. 84ff.) SI von (eher abstrakten) sozialen Wandlungsprozessen (*social*

---

demnach nur auf die Betonung, dass die Diskussion über zukünftige Richtungen der SE-Forschung weiterhin kontrovers geführt wird.

15 Bspw. kann hier auf die steigende Zahl wissenschaftlicher Abhandlungen verwiesen werden, siehe z.B. Rummel (2011), Jähnke, Christmann und Balgar (2011) und Hackenberg und Empter (2011).

change processes) ab und verstehen ihn als die Auswirkungen, die Menschen innerhalb der Gesellschaft direkt spüren und erleben. Wird SI im Rahmen einer Beurteilung nur als positive soziale Wirkung(en), d.h. als sozialer Erfolg, verstanden, so ist diese Gleichsetzung verbunden mit der Festlegung von Erfolgsvorstellungen, die den wertneutralen Begriff des Impacts durch konkretisierte Wertvorstellungen positiv definieren. In der Praxis wird die Frage nach Impact im intuitiven Begriffsgebrauch oft ausschließlich als positiver Wert verstanden.

Grundlegende Implementierung in den Bereich sozialer Wirkungen im SE hat der Begriff mit der Entwicklung der Impact Value Chain durch Clark, Rosenzweig, Long und Olsen (2004) als Modell zur Analyse der Entstehung sozialer Wertschöpfung entlang einer logischen Wirkungsfolge erfahren. Impact ist der letzte Schritt in dieser kausalen Wirkungskette. Wirkungen entstehen demnach ausgehend von den Outputs der Activities (Tätigkeiten) und den darauf folgenden Outcomes, welche die Impacts ergeben. Impacts sind die entstehenden Outcomes abzüglich der auch ohne die SEO entstehenden Entwicklungen (Deadweight).[16] Die Unterscheidungen zwischen den drei Dimensionen von Wirkungen (Outputs, Outcomes, Impacts) variieren auf der definitorischen Ebene. Diese Arbeit folgt der Logik Ebrahims und Rangans (2010), dass Outputs die unmittelbaren Folgen von Tätigkeiten eines Social Entrepreneurs, Outcomes hingegen die mittel- und langfristigen Ergebnisse beschreiben. Die darauf basierenden Impacts beschreiben grundsätzliche Veränderungen der gesellschaftlichen Wurzel der Problematik. Als kleinster gemeinsamer Nenner der unterschiedlichen Definitionen ist folgendes Verständnis von Impact anzusehen: Der Begriff des SI wird als die Wirkungen verstanden, welche die grundlegenden gesellschaftlichen Problembedingungen, die einer sozialen Problematik zu Grunde liegen, signifikant und langfristig wandeln. Folgende Abbildung verdeutlicht dies:

---

16 Deadweight bezeichnet diejenigen Wirkungen, d.h. Entwicklungen im Bezug auf das gesellschaftliche Problem, die auch ohne Aktivitäten der SEO eingetreten wären.

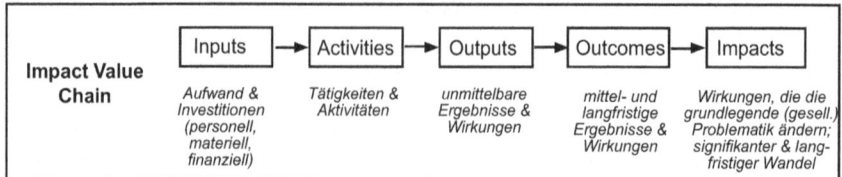

Abb. 1: Impact Value Chain (Ebrahim & Rangan, 2010)[17]

Der Vergleich der Definition Jägers mit der Ebrahims und Rangans zeigt, dass SI im SE zwar allgemein als Zielgröße des Handelns verstanden wird, jedoch Uneinigkeit über Wertung, Größenrahmen und Zeitrahmen der Wirkungen herrscht. SI wird also einerseits als soziale Wirkungen und Einfluss, anderseits spezifischer als die langfristigen grundlegenden Wirkungen im Sinne einer Problemverbesserung verstanden.

In Ergänzung ist SI Bestandteil des weiterreichenden Konzepts gesellschaftlich-sozialen Mehrwerts (Social Value), den SEOs durch ihre soziale Wertschöpfung schaffen (Young, 2006, S. 56ff.).

---

17 Übersetzung aus dem Englischen durch den Autor.

2 Soziale Wirkungsmessung im Social Entrepreneurship

Aufbauend auf die eingeführten Konzepte wird in diesem Abschnitt die Verbindung des SE zur sozialen Wirkungsmessung aufgezeigt. Hierzu werden zunächst zentrale Treiber verstärkter Wirkungsmessung im SE dargestellt (2.1). Anschließend wird SIM als Rahmen für soziale Wirkungsmessung konzeptionell erörtert (2.2). Dem folgt ein Überblick über bestehende Ansätze, Metriken und Erhebungsverfahren (2.3) und ein Exkurs über den Umsetzungsstand in der Praxis (2.4).

2.1 Transformation gesellschaftlicher Wirkungserwartungen

Der Trend zu einer erhöhten Sensibilität gegenüber der Frage nach (Aus-)Wirkungen sozialunternehmerischer Tätigkeit hat verschiedene Gründe. Die Restriktionen öffentlicher Haushalte und damit einhergehend sinkende staatliche Beihilfen führen zu einem verstärkten Wettbewerb um Fördermittel. Dabei orientiert sich die öffentliche Hand immer stärker an Wirtschaftlichkeitsgeboten, welche die Frage nach Effektivität und Effizienz von Förderungen stellen (Greiling, 2009, S. 70; Schedler & Proeller, 2006, S. 71ff.). Auch private oder halb-öffentliche Finanziers sehen eine steigende Notwendigkeit ihren Einsatz von Mitteln anhand von Wirkungen auszurichten und nachvollziehbar zu machen (Nicholls, 2009, S. 756f.). Der Nachweis wirkungsvoller Tätigkeiten führt in einer ressourcenbeschränkten Umwelt daher zu verstärkter Existenzlegitimation (Nicholls, 2005, S. 1ff.). Die Wirkungsfokussierung ist auch dem eigenen, *wirkungsbeanspruchenden* Phänomen des SE geschuldet: Social Entrepreneure nehmen Herausforderungen gesellschaftlicher Problemlagen an, die vom freien Markt und öffentlichen Maßnahmen nicht verändert wurden, die traditionelle Sozialträger nicht bewältigt haben oder die in staatliche Verantwortungsübernahme nicht soweit integriert wurden, dass sie wirksam hätten gelöst werden können. Es kann zudem ein sensibilisiertes Informations- und Transparenzbedürfnis bezüglich erzielter Wirkungen durch die Gesamtgesellschaft vernommen werden (Mildenberger, Münscher & Schmitz, 2012, S. 280).

2.2 Konzeptualisierung des Social Impact Measurement

SIM[18] bezeichnet in diesem Kontext die Erhebung gesellschaftlicher Wirkungen von Social Entrepreneuren.[19] Dies sind die Effekte, die durch Tätigkeiten einer SEO entstehen. Ausgangspunkt hierfür ist, dass im Gegensatz zu monetären Zielgrößen in klassischen Unternehmen für den Social Entrepreneur primär das Erreichen sozialer Ziele im Vordergrund steht (bspw. Dees, 2001; Chell, 2007; Martin & Osberg, 2007; Young, 2006). SIM versucht daher die Einflüsse im Sinne von Wirkungen oder im Verständnis einer sozialen Wertschöpfung sichtbar zu machen. SIM hat im Gegensatz zum wirtschaftlichen Bereich keinen konkret monetären, sondern einen abstrakten Wert zum Gegenstand. Forderung an SIM ist daher eine Transformation abstrakter Werte in darstellbare und bewertbare Konzepte.

SIM ist in den Kontext übergeordneter Konzepte von Accountability und Performance Measurement einzuordnen. Der Ausweis von Performance im Sinne sozialer Zielsetzungen kann dabei als eine Ausprägung von Social Accountability gesehen werden (Nicholls, 2005; Ebrahim, 2010, S. 101ff.). Social Accountability umfasst die Erhebung des Umgangs

---

18 Analog zum Begriff Social Impact Measurement wird in Forschung zu und Praxis des SE der Begriff des Social Impact Assessment verwendet.

19 Zur begrifflichen Problematik von Impact wird auf 1.3.2 verwiesen.

mit sozialen Problematiken als Rechenschaftspflicht gegenüber internen und externen Stakeholdern (Ebrahim, 2010, S. 101ff.). Die Funktion dieser Rückmeldung kann dabei einem positivistischen (Abbildung der empirischen Realität der Wirkungen), einem kritischen (Kontrolle der Wirkungen) oder einem interpretativen Verständnis (Diskussionsgegenstand von SEO und Stakeholdern) dienen (Nicholls, 2009, S. 756f.; Palmer & Vinten, 1998). Als Bestandteil des Performance Measurement ist SIM auch als Tool interner Wirkungsüberprüfung zur Steigerung der Wirkungen in der Zukunft zu verstehen. Durch die Abgleichung der Resultate der Tätigkeiten einer SEO mit deren Zielsetzungen können ineffiziente Programme oder Teilprojekte identifiziert werden, sodass zukünftige Problemlösungsanstrengungen und Ressourcenverteilungen rationaler (d.h. wirkungsoptimiert) initiiert werden können (Nicholls, 2005, S. 3ff.; Connolly & Kelly, 2011, S. 235).

Die hybriden Eigenschaften des SE zwischen sozialer und ökonomischer Sphäre lassen die Frage aufkommen, ob die Wirkungen von SE nicht über die sozialen Effekte hinaus betrachtet werden sollten. So kann das Konzept sozialer Wirkungen durch Eingliederung in die verschiedenen Nachhaltigkeitsebenen (sozial, ökologisch und ökonomisch) erweitert werden. Sowohl profitorientierte als auch nicht-profitorientierte Organisationen, Unternehmen und SEOs generieren (positive oder negative) Auswirkungen in ökonomischer, sozialer (und ökologischer) Weise, die sich im Rahmen gesellschaftlicher Wertkonzeptionen einstufen lassen müssen. Begründet darauf existiert ein sozioökonomisches Verständnis von Wirkungen des SE im Konzept des *blended value*, welches eine verträgliche Zusammenführung ökonomischer und sozialer Effekte, die eine SEO auf ihre Umwelt hat, anstrebt (Emerson, 2006, S. 393). Eine weitere Dimension ist auf der zeitlichen Ebene zu sehen: Klassische Projektevaluationen bewerten zeitlich limitierte Projekte vor, während oder nach dem spezifischen Projekt. SEOs hingegen arbeiten *kontinuierlich* an der Problemlösung, sodass Evaluationen ex post nur für Teilprojekte, nicht aber für die SEO im Ganzen möglich sind (Kramer, 2005, S. 26).

Basierend auf der Impact Value Chain kann ein allgemeines Verständnis von SIM entwickelt werden. Aufbauend auf einer Theory of Change[20] (TOC) lässt sich eine Kausallogik entlang der Impact Value Chain darstellen. Ausgehend von den Inputs, die finanzieller, personeller oder sachlicher Natur sind, führt eine SEO Aktivitäten durch, die eine Veränderung einer gesellschaftlichen Problemlage anstreben. Diesen Aktivitäten werden Zielsetzungen, die als kausale Effekte derselben angesehen werden, zugeordnet. Diese Zielsetzungen sind intendierte Wirkungen kurz-, mittel- und langfristiger (Outputs und Outcomes) und grundlegender Art (Impacts). Anhand der Zielsetzungen werden durch eine Operationalisierung sozialer Werte Erfolgsindikatoren für diese Wirkungen entwickelt. Nach vorherrschender Meinung sind die Interessen von Stakeholdern in die Entwicklung von Erfolgsindikatoren einzubeziehen (Nicholls, 2010b, S. 265ff.;). Erfolg ist als Grad der Zielerreichung zu verstehen, der durch Inhalt, Ausmaß und zeitlichen Bezug definiert ist (Roder, 2011, S. 86). Als allgemeine Kriterien für die Bewertung der intendierten Wirkungen können dabei die Effektivität, die nachhaltige Dauer der Effekte und die Reichweite im Sinne einer gesamtgesellschaftlichen Veränderung der Problematik angesehen werden (Mildenberger et al., 2012, S. 303).

Drei Anforderungen sind für SIM zentral: Erstens muss die Kausalität zwischen den Tätigkeiten einer SEO und Veränderungsprozessen in der Gesellschaft verifizierbar sein. Zweitens müssen Veränderungsprozesse, die auch ohne die Tätigkeit der SEO stattgefunden hätten, als Deadweight subtrahiert werden. Drittens sind nicht nur die intendierten positiven Wirkungen zu erheben, sondern auch negative, nicht intendierte oder externe Effekte zu berücksichtigen.

Diese Konzeptualisierung des SIM ist dabei als idealtypisches Modell zu verstehen. Das konkrete Verständnis, was SIM ist, hängt von der Antwort auf die Fragen ab, was, wie, warum und für wen Wirkungen

---

20 In diesem Kontext wird die TOC als Problemlösungsansatz entlang der kausalen Wirkungskette definiert.

erhoben werden (Nicholls, 2009, S. 758; Ebrahim, 2010, S. 4ff.). Der *Contingency Framework* von Ebrahim und Rangan (2010) liefert hierfür ein Ordnungsmodell, das als Zwei-Ebenen-Modell anhand der Komplexität der Zielsetzung und der Komplexität des operativen Lösungsansatzes eine Limitierung des SIM auf begrenzte Ebenen der Impact Value Chain anstrebt, um ein umsetzbares SIM in der Praxis zu ermöglichen. Folgende Abbildung veranschaulicht dies:

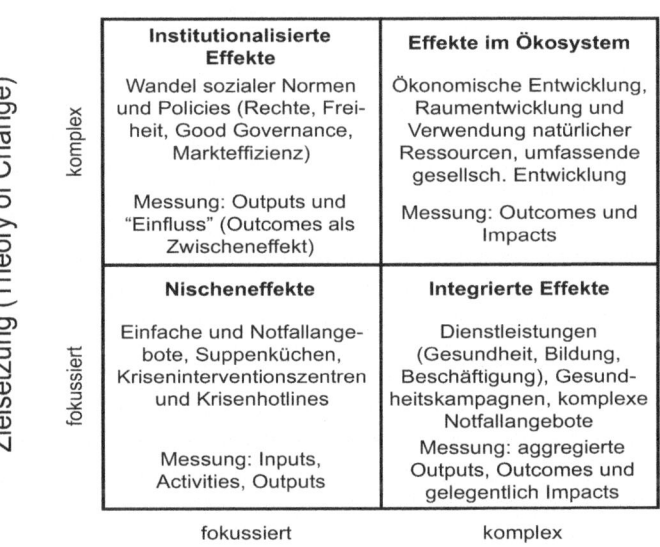

Abb. 2: *Contingency Framework (Ebrahim & Rangan, 2010)*[21]

Die Anlehnung des SIM an betriebswirtschaftliche Konzepte oder Methoden oder auch im Sinne erhöhter Wirkungsorientierung kann aber auch kritisch gesehen werden. Die Orientierung an betriebswirtschaftlicher Logik folgt nicht dem Konzept wertbasierter und subjektiver Qua-

---

21 Übersetzung aus dem Englischen durch den Autor.

lität der Wirkungen von SEOs (Steyaert & Dey, 2010, S. 238; Young, 2006, S. 57f.). Aus konstruktivistischer Sicht *schafft* SIM zudem soziale Realitäten, sodass es nicht nur als Analyse, sondern auch als eigene Dynamik zu verstehen ist (Tuan, 2008, S. 21f.).

2.3 Ansätze zur Erhebung von Wirkungen

Als Ansätze zur Wirkungsdarstellung werden Methoden und Frameworks verstanden, die dem Social Entrepreneur einen (teil)standardisierten Prozess zur Erhebung seiner Wirkungen bieten. Diese Ansätze unterscheiden sich in Vorgaben zur Operationalisierung, dem Begriff der Wirkungen und der Zielrichtung des Ansatzes. Es kann v.a. zwischen Prozessmethoden, welche die Effizienz und Effektivität direkter Outputs untersuchen, und wirkungsorientierten Methoden, die sich auf die mittel- und langfristigen Wirkungen konzentrieren, unterschieden werden (Clark et al., 2004, S. 8).[22] Für jede Erfassung von Wirkungen muss ein passender Ansatz ausgewählt und angepasst werden, wobei die Kombination wirkungs- und prozessorientierter Verfahren im Sinne eines ganzheitlichen Verständnisses sinnvoll erscheint. Die Datenbank „Tools and Resources for Assessing Social Impact" des Foundation Center listet derzeitig 139 Ansätze auf, um soziale Wirkung zu operationalisieren, zu messen oder zu bewerten.[23] Die new economics foundation, die maßgeblich die Etablierung des Ansatzes des Social Return on Investment (SROI) vorangetrieben hat, empfiehlt mehr als 20 Ansätze zur Feststellung des SI (new economic foundation, 2009a).[24] Beispielhaft für diese Diversität werden im Folgenden der Ansatz der Theory of Change (TOC) als Metho-

---

22 Clark et al. (2004, S. 8) unterscheiden zudem die auf monetärer Operationalisierung basierenden Methoden. Die Zuordnung einzelner Methoden unterscheidet sich in der Diskussion.

23 Vgl. http://trasi.foundationcenter.org/search.php [12. März 2012].

24 Aus wissenschaftlicher Sicht mangelt es jedoch an einer übergeordneten Systematik der existierenden Ansätze (Ebrahim & Rangan, 2010, S. 33).

dik zwischen prozessbezogener und wirkungsorientierter Methode und der Ansatz des SROI als wirkungsorientierte Methodik vorgestellt.[25,26]

Theory of Change
Die TOC wird im Kontext von Evaluation als eine theoriebasierte analytische Bewertung sozialer Programme verstanden.[27] Maßgeblich wurde sie von Weiss (1995) als Evaluationsmethodik für partizipative Stadt(teil)entwicklung geprägt: „Theory-based evaluation examines conditions of program implementution [sic] and mechanisms that mediate between processes **and** outcomes as a *means to* understand when and how programs work" (Weiss, 1997, S. 41, Hervorhebungen im Original). Die TOC ist als Methodik zu verstehen, welche die ganzheitliche Abbildung einer sozialen Organisation durch Betrachtung ihrer Zielsetzungen und der dahinter stehenden kausalen Prozesse zur Erreichung der Ziele abzubilden versucht. Die Entwicklung einer TOC beinhaltet demzufolge die logische Verbindung einer gesellschaftlichen Problematik mit den Aktivitäten der SEO und deren Outcomes.

Die Zielsetzungen basieren auf den von Stakeholdern angestrebten Outcomes. Der Weg zur Zielerreichung wird als Prozess gesehen, der sich von den Inputs und Aktivitäten über die kurzfristigen Wirkungen hin zu den Outcomes vollzieht. Evaluation wird deshalb – entgegen wissenschaftlicher Ansätze bspw. mit Kontrollgruppen-Untersuchungen – entlang der in der TOC entwickelten Ziele durchgeführt. Die Zielsetzungen (Outcomes) dienen hierbei als Erfolgsindikatoren, die abgeprüft werden. Somit kann beurteilt werden, ob die TOC *funktioniert*. Die TOC kann daher als ganzheitliches Evaluationsinstrument verstanden werden,

---

25 Je nach Verständnis wird die TOC als prozessorientierte (vgl. Clark et al., 2004, S. 18f.) oder als wirkungsorientierte Methode (vgl. The Rockefeller Foundation & The Goldman Sachs Foundation, 2003, S. 4) klassifiziert.

26 Für eine Problematisierung der beschrieben Ansätze siehe bspw. Connell und Kubisch (1998), Clark et al. (2004), Tuan (2008), Fojcik (2007) und Arvidson, Lyon, McKey und Moro (2010).

27 In einem abweichenden Begriffsgebrauch, verwendet in 2.2., wird die TOC als Darstellung des Problemlösungsansatzes entlang der kausalen Wirkungskette verstanden.

welches aus mess-methodologischer Sicht primär keine konkreten Parameterkategorien vorgibt.

Social Return on Investment
Der SROI hingegen beschreibt einen wirkungsorientierten, monetären Ansatz. Die ursprüngliche Konzeption des SROI (für soziale Dienstleistungen) geht auf The Robert Enterprise Development Fund (2001) zurück. Der SROI setzt analog zum betriebswirtschaftlichen Return on Investment (ROI) Investitionen den entstehenden Erträgen gegenüber. Im Hinblick auf die Wertschöpfung von SEOs sind drei Kategorien entstehender Werte relevant: Ökonomische, soziale und sozioökonomische Werte. Soziale Werte in reiner Form sind nicht monetarisierbar. Hingegen können sozioökonomische Werte als soziale Werte, die ökonomisch quantifizierbare Auswirkungen haben, messbar und sichtbar gemacht werden.[28] In der Logik des SROI sind dies die relevanten Messparameter. Das Ergebnis einer SROI-Berechnung ist eine Kennzahl (SROI-Koeffizient), die für eingesetzte Investitionen den gesellschaftlichen Mehrwert in monetarisierter Form angibt. Der in 2.2 eingeführte Begriff des *blended value*, der ökonomische und soziale Werte als *blended values* (d.h. gemischten Wert) als die relevanten Werte für den Social Entrepreneur darstellt, ist auch als zentrale Logik des ökonomisierenden SROI-Ansatzes zu sehen (Emerson, Wachowicz & Chun, 2000, S. 137ff.; Emerson, 2006, S. 393).

Abschließend lässt sich anhand der Verschiedenheit der beiden o.g. Ansätze – aber auch allgemein – feststellen, dass die Auswahl einer geeigneten Methodik für Social Entrepreneure von den entsprechenden Zielsetzungen an die Wirkungsausweise und von den zur Verfügung stehenden Möglichkeiten (Wissen, Ressourcen etc.) abhängt. Klassifizierungen im Sinne allgemein geeigneter oder ungeeigneter Ansätze für Social Entre-

---

28 Dies können bspw. sinkende Sozialkosten durch die Eingliederung arbeitsloser Menschen sein.

preneure sind daher nur im Zusammenhang mit Annahmen über Zielsetzungen und verfügbare Ressourcen zu betrachten. Mögliche Kriterien sind Erfassungsqualität (Objektivität, Validität, Reliabilität), Erhebungsumfang, Kommunizierbarkeit, Widerspruchsfreiheit, Manipulationsfreiheit, Implementierungsfähigkeit und Wirtschaftlichkeit einer Methodik (Fojcik, 2007, S. 16ff.). In der Praxis bietet der *Tool Decider* der new economics foundation ein Entscheidungstool, das die verschiedenen Kriterien berücksichtigt. Die Auswahl geeigneter Methoden fußt auf den drei Kriterien der Organisationsgröße, der Erhebungsausrichtung (Strategie, Impact, Qualität) und des Schwerpunktes innerhalb derselben (ökonomisch, ökologisch, sozial oder ganzheitlich) (new economic foundation, 2009b, S. 2). Es lässt sich konstatieren, dass jeder Ansatz zur Wirkungserhebung Vor- und Nachteile sowie Limitierungen hinsichtlich Umsetzung und Wirkungsausweis besitzt (Mildenberger et al., 2012, S. 304ff.; Fojcik, 2007, S. 18ff.).

2.4 Problemexkurs: Umsetzungsstand in der Praxis

Der Umsetzungstand in der Praxis, die sich nur teilweise an den o.g. Anforderungen und Methoden orientiert, ist aufgrund fehlender empirischer Untersuchungen nur schwer darstellbar.[29] Am Stand der Wirkungserhebung in exemplarischen SEOs der im zweiten Teil dieser Arbeit interviewten Social Entrepreneure soll aufgezeigt werden, dass der Umsetzungstand in der Praxis unterschiedlich weit fortgeschritten ist.[30] Es wird berücksichtigt, ob Wirkungsdarstellung erfolgt, welche Ebenen des SIM

---

29 Quantitative Untersuchungen zur Anwendung von Methoden in NPOs zeigen, dass eine Mehrheit selbstkonzipierte Ansätze verfolgt (Greiling, 2009, S. 245ff.).

30 Die Konzentration auf *Fellows* von Ashoka soll eine vergleichbare Klassifizierung der Anforderungen an den Social Entrepreneur ermöglichen. Je nach Betrachtungsweise werden an die *Fellows* von Ashoka im Sinne ihrer avantgardistischen Stellung im SE-Spektrum zudem höhere Anforderungen an erreichte Wirkungen und daher u.U. auch an ihren Wirkungsausweis gestellt (bspw. Leppert, 2008, S.19f.). Zu Ashokas Definition von Social Entrepreneuren siehe 1.3.1.1.

sie enthält und wie diese erhoben wurden. Folgende Übersicht stellt den Umsetzungstand in den SEOs von fünf der interviewten Social Entrepreneure, welche alle *Fellows* von Ashoka Deutschland sind, dar:[31]

Ashoka Fellow	BV INSO - Bundes-verband für Men-schen in Insolvenz und neue Chancen Attila von Unruh (2011)	Mütterzentren Bundesverband Hildegard Schooß (2010)	apeiros Stefan Schwall (2011)	iq consult (Norbert Kunz (2007))	Dialogue Social Enterprise Andreas Heinecke (2005)
Tätigkeitsdarstellung					
Output-Erhebung					
Outcome-Erhebung					
Impact-Erhebung					
Qualitative Analyse					
Quantitative Analyse					

Abb. 3: Umsetzungsstand des SIM (graue Flächen: teilweise/vollständig umgesetzte Bereiche/Methoden) (eigene Darstellung)

Da alle *Fellows* von Ashoka jährlich ihre Tätigkeiten und Wirkungen im Rahmen des Social Reporting Standard (SRS) dokumentieren, bietet dieser Report eine Möglichkeit, den Umgang der SEOs mit ihren Wirkungsdarstellungen zu vergleichen. Der SRS strebt an, sich als Standardrahmen für die Berichterstattung von Social Entrepreneuren, NPOs und anderen sozial orientierten Organisationen zu etablieren (Ashoka et al., 2011; Achleitner, Bassen, Roder & Spiess-Knafl, 2009b, S. 12f.).

In der Analyse zeigt sich, dass sich die fünf ausgewählten Social Entrepreneure hinsichtlich drei der fünf o.g. möglichen Kriterien für eine Definition des SE teilweise deutlich unterscheiden. Die Geschäftsmodelle, der angestrebte oder tatsächliche Impact und die organisatorischen

---

31 Grundlage für diese Einordnung sind Wirkungsberichte (u.a. Wirkungsdokumentationen durch Ashoka (2011) sowie Social Reporting Standard-Berichte) und die im Rahmen dieser Arbeit durchgeführten Interviews. Es wird darauf hingewiesen, dass die verschiedenen Umsetzungsstände an dieser Stelle nur exemplarisch verdeutlicht werden.

Strukturen sind divers. Basierend auf Ashokas Verständnis des Social Entrepreneurs sind hinsichtlich des Innovationsgrades und der sozialen Zielsetzung die deutlichsten Parallelitäten zu erkennen. Im Hinblick auf die Umsetzung des SIM (Stand: April 2012) lässt sich konzis darstellen:

1. Der 2009 gegründete *BV INSO – Bundesverband für Menschen in Insolvenz und neue Chancen e.V.* praktiziert bislang keinerlei SIM-Anwendung. In seinem Leistungsausweis für Ashoka wurden Aktivitäten quantitativ dargestellt. Erste Ansätze potentieller Wirkungswahrnehmung sind die Dokumentation von Berichterstattungen, Erfassung der Teilnehmer an Veranstaltungen und Auszeichnungen als mögliche Indikatoren für Outputs, Outcomes und Impacts.

2. Der Wirkungsausweis des 1985 gegründeten *Mütterzentren Bundesverband e.V.*, dem bundesweiten Zusammenschluss der deutschen Mütterzentren und regionalen Mütterbüros, zeigt die Nutzung unterschiedlicher Angebote auf. Zu Outputs, Outcome oder Impacts finden sich keine Hinweise. Im Rahmen des Aktionsprogramms „Mehrgenerationenhäuser" des Bundesministeriums für Familie, Senioren, Frauen und Jugend wurde eine flächendeckende Studie über die Wirkungen von Mehrgenerationenhäuser, unter denen viele Mütterzentren sind, erstellt.[32]

3. *apeiros*, gegründet 2005 als Anbieter von Einzelfallhilfe im Bereich Schulverweigerung, weist seine Wirkungen der Einzelfallhilfe im Bereich der Outputs und Outcomes durch quantitative Indikatoren aus.[33] Ein internes Monitoring-System und die Entwicklung eigener Erfolgsindikatoren sind als zentrale Mechanismen zu nennen; hinzu kommt eine Kooperation mit einer wissenschaftlichen Einrichtung zur Erfassung mittel- bzw. langfristiger Effekte. Die Effekte anderer Tätigkeitsfelder, wie bspw.

---

32 Siehe Emminghaus, Staats & Gess (2012).
33 Siehe auch Repp (2011).

der Präventionsarbeit, werden nicht ausgewiesen, sodass nicht alle potentiellen Wirkbereiche analysiert werden.

4. *iq consult* wurde 1994 gegründet. Heute bedient *iq consult* unterschiedliche gesellschaftliche Bedürfnisse. Angebote sind u.a. Gründungsberatung, Gründungsförderung (Mikrokreditfonds) und die Förderung sozialer Innovationen als Inkubator. *iq consult* bildet die aus ihren Leistungen entstehenden Wirkungen durch die punktuelle Betrachtung der Wirkungen der Einzelprojekte im Bereich der Outputs und Outcomes ab. Das Spektrum reicht dabei von SROI-Berechnung für Einzelprojekte bis hin zum nicht vorhandenen Wirkungsausweis für andere Projekte.

5. *Dialogue Social Enterprise,* gegründet 2000, strebt mit den Programmen *Dialog im Dunkeln* und *Dialog im Stillen* eine Verbesserung der gesellschaftlichen Situation seh- und hörbehinderter Menschen an. Die Organisation weist ihre Wirkungen in unterschiedlicher, punktueller Weise aus. Hierzu gehören qualitative und quantitative Erhebungsmethoden, die sich auf die Outputs und Outcomes konzentrieren. Mittels indirekter Ansätze, wie bspw. die Erfassung der Anzahl der Medienberichterstattungen, werden weitere Indikatoren für mögliche Impacts erhoben.

Der Vergleich der fünf ausgewählten SEOs zeigt deutliche Unterschiede im Umsetzungstand des SIM. Die maßgeblichen Unterschiede sind, ob SIM durchgeführt wird und dessen Konzeptualisierung bezüglich Methodik und Zeithorizont. Ein wichtiger Unterschied ist auch, dass sich SIM im SE meist auf die Darstellung der Aktivitäten – anstelle einer Überprüfung der (langfristigen) sozialen Ziele und der Mission der SEO – beschränkt (Ormiston & Seymour, 2011, S. 137ff.). Keine der untersuchten fünf SEOs wird wissenschaftlichen Standards wie etwa Reliabilität, Validität und Objektivität oder auch SIM-spezifischen Anforderungen vollumfänglich gerecht.[34]

---

34 Für eine weiterführende Problematisierung und mögliche Gründe siehe Abschnitt 3, 4 und 5.

3 Forschungsstand: Hürden sozialer Wirkungsmessung

Aufbauend auf den vorangegangenen Abschnitten, in dem das Konzept des SIM als Rahmen sozialer Wirkungsmessung konzeptuell und darüber hinaus exemplarisch durch Ansätze zur Wirkungserfassung und den Umsetzungsstand in der Praxis eingeführt worden ist, wird in diesem Abschnitt der Grad der Problemfokussierung erhöht. In 3.1 werden die zentralen Anforderungen an SIM entwickelt. In 3.2 werden identifizierte Problematiken herausgearbeitet, um diese im weiteren Verlauf dieser Arbeit den Erkenntnissen der eigenen Untersuchung gegenüberzustellen. In 3.3 wird der Fokus um exemplarische Ergebnisse aus anderen Bereichen der Wirkungsforschung erweitert.

3.1 Ansprüche an die Wirkungsmessung

In diesem Abschnitt werden generelle Anforderungen an die Wirkungsmessung im SE aufgezeigt. Aufgrund der divergenten Vorstellungen und Umsetzungen von SIM konzentrieren sich diese primär auf Fragen methodischer Art.[35]

Wie in 2.2 dargestellt, ist SIM innerhalb verschiedener übergeordneter Konzeptionen zu verorten. Anforderungen an die Wirkungsmessung ergeben sich daher aus unterschiedlichen Perspektiven. Betrachtet man Social Entrepreneure analog zu anderen Akteuren (z.B. Wirtschaftsun-

---

35 Dessen ungeachtet wird auf das besondere Informationsbedürfnis von sozialen Investoren und Geldgebern hingewiesen. Dieses Informationsbedürfnis wird in 3.2 problematisiert.

ternehmen) als Akteure, die gesellschaftliche Zustände beeinflussen, so ergeben sich an den Wirkungsausweis, der als Teil der gesellschaftlichen Rechenschaftspflicht (Social Accountability) angesehen werden kann, verschiedene Anforderungen um die Legitimität einer sozialunternehmerischen Praxis einzuschätzen (Nicholls, 2005, S. 1ff.). Aufbauend auf Zadek (1998, S. 1436ff.) lassen sich acht zentrale Anforderungen benennen: Erstens ist die Inkludierung der Erfolgs- und Bewertungsmaßstäbe aller Stakeholder unabhängig von bestehenden Machthierarchien notwendig. Stakeholder definieren daher die Rolle und den Grad der Rechenschaft, die Social Entrepreneure abgeben müssen (Gray, Dey, Owen, Evans & Zadek, 1997, S. 333ff.). Zweitens ist es erforderlich, die Vergleichbarkeit der Wirkungsausweise über mehrere Jahre sowie die Vergleichbarkeit mit anderen Akteuren herzustellen. Drittens müssen alle Wirkungen – positive wie negative, intendierte und nicht intendierte – der Tätigkeiten einbezogen und aus Perspektive der Stakeholder bewertet werden (The SROI Network, 2011, S. 2).[36] Viertens sind Wirkungsanalysen regelmäßig durchzuführen, da sich Problemdynamiken und -bewertungen verändern; hierbei sollte ein Lernprozess anhand verbesserter Wirkungsorientierung und -messung erkennbar sein. Fünftens ist der Umgang mit der Erhebung von Wirkungen zu institutionalisieren bzw. an klare Regelwerke zu binden. Sechstens sind die entsprechenden Wirkungsausweise in verständlicher Art und Weise zu veröffentlichen; eine Diskussion der Ergebnisse sollte möglich sein. Siebtens ist eine externe Validierung der dargestellten Wirkungen herzustellen. Achtens ist der Wirkungsausweis als Managementtool zu verstehen, um die gesellschaftliche Verträglichkeit der eigenen Tätigkeiten zu erhöhen. Im Hinblick auf die unmögliche Berücksichtigung aller Stakeholder ist als Mindestkriterium anzustreben, dass die Wirkungsausweise ein den tatsächlichen Wirkungen entspre-

---

36 Da sich der Einbezug aller Stakeholder letztlich auf einzelne Individuen bezieht, ist diese Anforderung so zu verstehen, dass zwar nicht alle Wirkungen vollumfänglich aus der Perspektive jeden Individuums abgebildet und einbezogen werden können, jedoch die Auswahl der nicht absichtlich nur Erhebungsbereiche vielversprechender oder machtrelevanter positiver Wirkungen beinhalten sollte.

chendes Bild für die Stakeholder bereitstellen.[37] Dies setzt voraus, dass
die ausgeführte Analyse nachvollziehbar durchgeführt wird und deren
Grundlagen (Erfolgsindikatoren, Vergleichswerte, Erhebungsmethodik
etc.) transparent kommuniziert werden (The SROI Network, 2011, S. 2).
Abstrahiert man diese (auch ethisch) basierten Anforderungen an
Social Accounting im Sinne gesellschaftlicher Rechenschaftspflicht, so
können deutliche Parallelen zu den Anforderungen an ein Reporting im
SE erkannt werden. Die einzelnen Wirkungskennzahlen oder -darstel-
lungen können an idealtypischen Anforderungen gemessen werden.[38]
Hinsichtlich der Erfüllung dieser Anforderungen konstatiert Greiling
(2009) jedoch, dass ein „deutlicher Pragmatismus" (S. 193) in den Be-
richtsinhalten erkennbar ist. Auf das Reporting bezogenen kann von
sechs Grundsätzen ausgegangen werden (Roder, 2011, S. 75ff.; Achleitner
et al., 2009b, S. 7f.). Diese sind die Primärgrundsätze der Relevanz und
der Zuverlässigkeit des Wirkungsausweises. Im Kontext von Wirkungsausweisen kann Relevanz so definiert werden, dass alle für Stakeholder
beurteilungsrelevanten Wirkungen dargestellt werden – im Sinne der
Zuverlässigkeit neutral, wertfrei, willkürfrei, vollständig und überprüf-
bar. Als Sekundärgrundsätze gelten die Kriterien der Vergleichbarkeit
und Konsistenz. Die Vergleichbarkeit von Wirkungsausweisen verschiedener Social Entrepreneure ist hier, in Abgrenzung zu den Kriterien
Zadeks, aufgrund der heterogenen Tätigkeitsfelder der Social Entrepreneure als problematisch (und nur eingeschränkt anwendbar) einzuschätzen. Eine Konsistenz in Wirkungsausweisen ist als eine Stetigkeit der
Erhebungsmethodik und der Berichterstattung zu sehen. Die Grundsätze
der Angemessenheit und Wesentlichkeit begrenzen die Primär- und Sekundärgrundsätze. Wesentlichkeit in Ergänzung zur Relevanz beschreibt

---

37 Siehe Bemerkung in vorhergehender Fußnote.
38 Vgl. Greiling (2009, S. 100f.) für eine exemplarische Aufstellung und Erläuterungen.
   Zentrale Anforderungen sind Adäquanz, Eindeutigkeit, Entscheidungs- und Aufga-
   benorientierung, Objektivität, Quantifizierbarkeit, Relevanz, Robustheit, Selbstreflektivi-
   tät, Sensitivität, Stetigkeit, Verfügbarkeit, Verständlichkeit, Zukunftsorientierung, Stra-
   tegiebezug, Akzeptanz sowie Beeinflussbarkeit.

die Anforderung nur die Wirkungen auszuweisen, die beurteilungsrelevant sein könnten. Das Kriterium der Angemessenheit begrenzt den Wirkungsausweis dahin gehend, dass der Nutzen aus den Informationen für interne und externe Akteure größer ist als die Kosten der Erhebung.

In der internen Rolle des SIM als Überprüfung der Zielerreichung und anschließender Programm- oder Ressourcenallokationen zum Zwecke einer Impact-, Effizienz- oder Effektivitätssteigerung kann dieser Pragmatismus hingegen so ausgelegt werden, dass SIM fokussierte, zielorientierte und umsetzbare Methoden anwenden sollte, um der internen Zielsetzung des SIM gerecht zu werden (Sawhill & Williamson, 2001a, S. 380f., 383f.). Um einen Nutzen- oder Lerngewinn gemeinsam mit seinen Stakeholdern zu erreichen sind o.g. Anforderungen nichtsdestotrotz möglichst auch für die internen Zielsetzungen des SIM einzubeziehen (Eckhart-Queenan & Forti, 2011, S. 4ff.).

3.2 Probleme in der Wirkungsmessung

Aufgrund fehlender empirischer oder anderer systematischer Untersuchungen wird in diesem Abschnitt von einer Skalierung der Problematiken Abstand genommen.[39] Als Konsequenz fehlender Untersuchungen bezieht sich die Darstellung der Probleme in diesem Abschnitt zuvorderst auf Grundsatzdiskussionen in der Wissenschaft.

Eine grundlegende Hürde der Wirkungsmessung im SE ist der Gegenstand der Messung: Gesellschaftliche Wertschöpfung oder Social Value. Dieser ist im Prozess der Wirkungsmessung als abstrakter Wert in messbare Form zu operationalisieren; für die Wirkungsmessung ist er jedoch verschiedenen Restriktionen unterworfen (Young, 2006, S. 57f.): Wahrnehmung gesellschaftlicher Wertschöpfung basiert auf subjektivem Erleben und Bewerten. Er ist zudem als normative Konstruktion zu verstehen, die auf Werten und Normen aufbaut. Diese beiden Eigenschaften

---

39 Ergebnisse der Wirkungsforschung über NPOs fließen aufgrund des ähnlichen Gegenstandes der Wirkungsmessung der NPOs in Teilen mit in diesen Abschnitt ein.

und die Dynamiken gesellschaftlicher Problemlagen machen eine zeitliche und kontextfreie Definition unmöglich. Social Value vereinigt daher ein Konzept nicht vergleichbarer Wertschöpfungen, die innerhalb einer Metrik nicht vereinbar sind. Eine objektive Operationalisierung sozialer Werte für das SIM erscheint nicht erreichbar (Achleitner, Bassen & Roder, 2009a, S. 8, 16; Greiling, 2009, S. 110; Tuan, 2008, S. 17).

Methodologische Defizite
Ein Schwerpunkt der Forschungsdiskussion beschäftigt sich mit methodologischen Defiziten.[40] Allgemein wird konstatiert, dass die bestehenden Methoden unzureichend sind, um dem Konzept gesellschaftlichen Mehrwerts oder den in 3.1 genannten Anforderungen gerecht zu werden. Keine Methodik bildet alle Ebenen sozialer Wirkung ab (Young, 2006, S. 53ff.; Mildenberger et al., 2012, S. 308). Eine zusätzliche Ebene, die meist unberücksichtigt bleibt, ist die Individualität der Problemzustände einzelner Personen als Ausgangslage für die übergreifenden Problemlösungsansätze der Social Entrepreneure und als Bewertungsgrundlage für Erfolg (Schew, Nienaber, Tietmeyer & Jung, 2010, S. 21).

Zugleich wird die Komplexität und in Folge eine mangelnde Verständlichkeit der Methoden für Social Entrepreneure genannt (Young, 2006, S. 63; Hall, Phillips, Meillat & Pickering, 2003, S. 31ff.). Neben der Komplexität als Hürde enthalten die bis heute entwickelten Methoden keine konkreten Vorgaben darüber, was oder wie gemessen werden soll (Mildenberger et al., 2012, S. 308; Bell-Rose, 2004, S. 272). Allgemein kann ein Paradoxon der Komplexitätsreduktion festgestellt werden: Die Notwendigkeit, komplexen sozialen Herausforderungen nachhaltig zu begegnen, erfordert ein Verständnis der komplexen Wirkungszusammenhänge – zugleich erfordert die einzelne Methode der Wirkungsmessung eine Komplexitätsreduktion, um verständliche und umsetzbare Methoden zu erhalten (Jäger, 2010, S. 115f.). Dieses Spannungsfeld ist als Di-

---

40 Die häufige Konzentration der akademischen Debatte auf methodologische Mängel ist dabei auch der Rolle von Forschung geschuldet, da eine ihrer zentralen Aufgaben die Entwicklung (wirkungstheoretisch) befriedigender Methoden ist.

lemma realitätsabstrahierender, operationalisierender Methoden zu benennen. Die Komplexität der Wirkungszusammenhänge spiegelt sich auch in der Heterogenität der Zielsetzungen und der damit anzuwendenden Metriken und divergenten Erfolgsindikatoren wider, sodass die Entwicklung einer Methodik, die diese Hürden überschreitet, unwahrscheinlich erscheint (Sawhill & Williamson, 2001b, S. 101ff.; Greiling, 2009, S. 59, 110).

Zwei zentrale methodologische Probleme sind die Herstellung von Kausalität zwischen Tätigkeit und Wirkung und der damit verbundene Ausschluss des Deadweight. Die Herstellung von Kausalität bezieht sich darauf, dass die Wirkungen, die im SIM gemessen werden, auf die Arbeit der SEO rückführbar sind. Entlang der Impact Value Chain müssen sich daher Outputs, Outcomes und Impacts letztlich kausal aus den Activities ableiten lassen. Diese Herstellung von Kausalität ist aber schwierig, da die komplexen Problemlagen von komplexen Umwelten umgeben sind. Der Ausschluss anderer Ursachen für Änderungen von Problemlagen ist methodisch schwierig umsetzbar (Greiling, 2009, S. 193; Bell-Rose, 2004, S. 272). Die Betonung der Wichtigkeit der Darstellung der Outcomes und Impacts sieht sich zudem mit der Problematik konfrontiert, dass längerfristige Wirkungen in dynamischen Umfeldern ermittelt werden (Ebrahim & Rangan, 2010, S. 12; Campbell, 2002, S. 253f.). Dies erschwert den Nachweis der Kausalität zusätzlich. Existierende Metriken können dem Nachweis dieser Kausalität nicht gerecht werden, da sie den Ausschluss anderer Wirkfaktoren, wenn überhaupt, nur punktuell einbinden (Greiling, 2009, S. 193; Mildenberger et al., 2012, S. 281f., 308).[41]

Praxisbezogenes SIM muss sich deswegen einem methodologischem Trade-Off unterwerfen (Pechmann & Andrews, 2010, S. 12f.). In der Umsetzung des SE zeigt sich zudem, dass SIM meist auf pragmatischen – nicht wissenschaftlich basierten – Annahmen oder defizitären Datengrundlagen basiert. Darüber hinaus kann eine Konzentration punktuel-

---

41 Ob es möglich ist Kausalität überhaupt herzustellen, wird kontrovers diskutiert (Greiling, 2009, S. 106f.).

ler, nicht fortlaufender Wirkungsüberprüfungen vernommen werden. Diese beziehen sich in vielen Fällen nur auf die Outputs (Hall et al., 2003, S. 16f.; Mildenberger et al., 2012, S. 308; Tuan, 2008, S. 20ff.; Bell-Rose, 2004, S. 272; Nicholls, 2010b, S. 255ff.).

Fehlinterpretation von Messergebnissen
Der Trend zur Fokussierung auf Impacts und Wirkungsmessung im Allgemeinen schafft eine Konzentration auf die Darstellung von Wirkungen, die sich nicht an guten Erhebungsmethoden orientiert, sondern auf die möglichst *gute Darstellung* ausgewählter fokussiert (Ebrahim & Rangan, 2010, S. 8). In diesem Zusammenhang impliziert die oft verwendete Redewendung „what gets measured gets done" zwar, dass alle relevanten Wirkungen gemessen und berücksichtigt werden sollten. Jedoch offenbart sie eine konträre Problematik. Obwohl SIM als Abstraktion der Realität konzipiert ist (Paradoxon der Komplexität), kann es zu dem Missverständnis kommen, dass die gemessenen Werte als die reale soziale Wertschöpfung verstanden werden. Die gemessenen Wirkungen stellen aber nur die ungefähre, messbare oder gemessene Wertschöpfung dar und sind nur als eine Annäherung an den realen Social Value zu verstehen (Young, 2006, S. 63ff.). Quantitative Messverfahren sind daher durch qualitative Verfahren zu ergänzen (Tuan, 2008, S. 21).

Fehlende Vergleichbarkeit
Die Problematik fehlender Vergleichbarkeit der Wirkungsausweise einzelner Organisationen kann zwar einerseits den methodischen Defiziten zugeordnet werden. Anderseits ist die Heterogenität der Ziele, Erfolgsdefinitionen und der damit verbundenen Maßstäbe Teil des Gegenstands der Messung. Die damit erschwerte oder unmögliche Vergleichbarkeit ist im Hinblick auf die Rechenschaft gegenüber Stakeholdern und die gesellschaftliche Legitimitätsabwägung unbefriedigend. SIM findet meist als angepasste Methode auf der (individuellen) Mikroebene sozialer Problematiken statt. Eine Vergleichbarkeit mit anderen SEOs wäre nur mittels globaler Indikatoren auf einer generellen Makroebene sozialer Problema-

tiken möglich (Achleitner et al., 2009a, S. 7f.). Auf dieser Ebene ergeben sich jedoch die o.g. methodologischen Probleme; zudem kommt es eben nicht zum Einsatz standardisierter Verfahren. Zusätzlich wird die Vergleichbarkeit durch die Anwendung unterschiedlicher Verständnisse von Schlüsselbegriffen, bspw. der zeitlichen Dimensionen von Output, Outcome und Impact, erschwert (Tuan, 2008, S. 15, 18).

Ressourcenaufwand

SIM als Kostenfaktor finanzieller und personeller Ressourcen ist zudem den Budgetrestriktionen von Social Entrepreneuren unterworfen.[42] Einerseits ist eine geeignete Balance zwischen Wirkungserhebung und vorhandenen Ressourcen zu finden. Bei einem SIM, dass zu komplex oder zu vielen unterschiedlichen externen Anforderungen gerecht werden soll, kann es zu einer Überlastung der Kapazitäten des Social Entrepreneurs kommen, da dieser seine personellen Ressourcen für die operativen Tätigkeiten benötigt (Hall et al., 2003, S. 31ff.; Achleitner et al., 2009a, S. 8; Schew et al., 2010, S. 20; Ebrahim & Rangan, 2010, S. 11; Tuan, 2008, S. 23). Die Kombination eines ressourcenschonenden und trotzdem ganzheitlichen SIM erscheint nicht möglich (Paton, 2003, S. 160). Darüber hinaus kann Wirkungsmessung aus Perspektive der Praktiker als Abzug von Ressourcen, die für die Lösung gesellschaftlicher Problematiken eingesetzt werden sollten, verstanden werden (Ebrahim & Rangan, 2010, S. 12). Zugleich wird SIM, welches versucht den in 3.1 genannten Anforderungen gerecht zu werden, nur solange als zielführend angesehen, solange es durch spezifische, relevante und messbare Wirkungsziele die Erreichung dieser evaluiert und unterstützt (The Rockefeller Foundation & The Goldman Sachs Foundation, 2003, S. 14; Sawhill & Williamson, 2001a, S. 380f., 383f.).

---

42 Trotz der offensichtlichen Abwägungsproblematik zwischen Ressourcenaufwand und Nutzen wird diese Thematik ausgesprochen selten tiefgehend in der Forschung diskutiert.

Sorgen der Social Entrepreneure
Auch wenn sich die Forschungsdiskussion auf die methodologischen und konzeptionellen Hürden konzentriert, werden der Social Entrepreneur oder die Akteure innerhalb der SEOs als potentiell hemmender Faktor diskutiert. Es können verschiedene Vorbehalte identifiziert werden. Ein Vorbehalt ist bspw. die Ablehnung einer Quantifizierung oder Ökonomisierung sozialer Tätigkeiten. Diese Position kann durch „irrational-idealistische" (Mildenberger et al., 2012, S. 283) Vorstellungen der Wirkung sozialer Tätigkeiten bei einzelnen Akteuren gegenüber einem rationalisierenden SIM entstehen. Zudem wird die Ökonomisierung als unzureichend für komplexe Ausgangs- und Ziellagen angesehen (Cameron & Nicolaisen, 2009, S. 121; Mildenberger et al., 2012, S. 281f.). Eine weitere Sorge besteht vor den Auswirkungen der Wirkungsmessung. Die Sorge der Feststellung von Defiziten oder negativen Wirkungen kann einen Hemmfaktor darstellen (Mildenberger et al., 2012, S. 281f.). Zugleich existiert die Besorgnis, dass die zunehmende Wirkungsfokussierung externer Stakeholder (v.a. der Geldgeber) soziale Tätigkeit auf die messbaren Wirkbereiche reduziert und erlebte positive Wirkungen nicht erhobener Dimensionen unberücksichtigt bleiben (Ebrahim & Rangan, 2010, S. 9; Mildenberger et al., 2012, S. 281f.). In Ergänzung hierzu bietet ein Transparenz anstrebender Ausweis negativer Wirkungen keine Anreizstrukturen, sondern stellt ein Risiko finanzieller Art dar (Tuan, 2008, S. 21).[43]

Wirkungsmessung wird auch als Ausdruck steigenden Konkurrenzdrucks erlebt. Im Rahmen von Finanzierungsfragen wird Wirkungsmessung vielfach als etwas, das aufgrund externer Anforderungen getan werden muss, erfahren (Emerson, 2006, S. 399; Mildenberger et al., 2012, S. 281f.).

Fehlendes Wissen darüber, wie SIM umzusetzen ist, begrenzt die Umsetzungsfähigkeit und schafft ein Gefühl der Überforderung. Dies kann besonders im Bereich der methodischen Anwendung und der Nut-

---

43 In diesem Kontext kann es zum so genannten „Cherry-Picking" kommen, d.h. nur ausgewählte Programme mit positiven Wirkungen werden evaluiert.

zung der Ergebnisse für interne Zwecke gesehen werden (Ebrahim & Rangan, 2010, S. 13; Schew et al., 2010, S. 20). Diese hemmenden Faktoren sind zudem in den Kontext begrenzter Ressourcen zu setzen.

Konflikte der Stakeholder-Interessen
Der Einbezug von Stakeholder-Interessen bedingt verschiedene Problematiken. Dies ist erstens die Heterogenität der Zielvorstellungen und damit Erfolgsdefinitionen der einzelnen Stakeholder (Pechmann & Andrews, 2010, S. 233; Newbert & Hill, 2010, S. 129ff.; Campbell, 2002, S. 250ff.; Greiling, 2009, S. 104). Diese Heterogenität ist einerseits im abstrakten Konzept des Social Value und der komplexen Bewertung gesellschaftlicher Probleme begründet. Der Einbezug aller Stakeholder-Perspektiven scheitert am begrenzten Zeitbudget (Schew et al., 2010, S. 19). Zweitens folgen Beurteilungen der einzelnen Stakeholder nicht unbedingt der Logik einer Wirkungsmaximierung, sondern einem multifaktoriellen Konstrukt von Werten und Interessen (Ebrahim & Rangan, 2010, S. 7). Ein möglicher Interessenskonflikt kann hierbei bspw. der Fokus auf kurzfristige Outputs (*doing good*) versus nachhaltige und langfristige Outcomes, die kurzfristig weniger Wirkung zeigen (*doing well*), sein (Newbert & Hill, 2010, S. 129). Eine Konzentration externer Stakeholder, v.a. der Geldgeber, auf Outputs kann zu Sofortreaktionen führen, obwohl die mittel- und langfristigen Outcomes und Impacts signifikant und positiv wären (Benjamin, 2008, S. 206ff.).

Die wichtige Frage der Interessen der Geldgeber als relevante Stakeholder findet weiterführende Berücksichtigung, da sie objektive Vergleichbarkeit von Wirkungen zusätzlich einschränkt. Erstens, da sich Förderentscheidungen von Geldgebern nicht unbedingt nur an Wirkungsmaximierung orientieren, sondern an der Maximierung entlang der Ziele der eigenen strategischen Ausrichtung oder kurzfristiger Erfolge (Cunningham & Ricks, 2004, S. 47ff.; The Rockefeller Foundation & The Goldman Sachs Foundation, 2003, S. 14f.; Ebrahim & Rangan, 2010, S. 7; Etlin & Etlin, 1992, S. 38). Zweitens, da Geldgeber ihre individuellen Vorstellungen von Wirkungsmessung besitzen, sodass Social Entrepreneure hier eine Vielfalt an Anforderungen erfüllen müssen (The Rockefeller Foundation & The Goldman Sachs Foundation, 2003, S. 14f.). Zudem lässt sich konstatieren, dass die spezifischen Anforderungen eines Geldgebers die Wirkungsorientierung einer SEO konstitutiv beeinflusst (Benjamin, 2008, S. 206ff.). Abschließend kann festgestellt werden, dass soziale Wirkungsmessung und die Entwicklung von Erfolgskriterien einen Ort der Aushandlung darstellt, der von gesellschaftlichen Machtverhältnissen geprägt ist und in dem divergente Interessen durchgesetzt werden (Cameron & Nicolaisen, 2009, S. 121).

Die unklare Konzeptualisierung des SIM
Eine übergeordnete Problematik für die Bestimmung und Durchführbarkeit des SIM ist seiner unklaren Konzeption geschuldet. Die begrifflichen Schlüsselkategorien – bspw. das Verständnis des Impacts – sind sowohl in der Forschung unklar als auch in die Praxis nicht verständlich operationalisiert und erschweren damit nicht nur – wie o.g. – die Vergleichbarkeit, sondern auch die Anwendung im Allgemeinen (Schew et al., 2010, S. 20; Tuan, 2008, S. 18). Hinzu kommt die Einbindung des SIM in übergeordnete Konzeptionen wie Social Accountability oder die Messung des blended value (Nicholls, 2005; Emerson, 2006). Auch in diesen übergeordneten Konzepten sind Schlüsselbegriffe und Konzepte unklar definiert oder Spannungsfeldern ausgesetzt (Connolly & Kelly, 2011, S. 226 ff.; Ebrahim & Rangan, 2010, S. 10). Zudem werden hierdurch weitere erschwerende Anforderungen an die Durchführung des SIM gestellt.

3.3 Ergebnisse aus der Wirkungsforschung in anderen Tätigkeitsgebieten

In diesem Abschnitt werden Erkenntnisse aus anderen Bereichen der Wirkungsforschung vorgestellt, um SIM in dieser Arbeit in den weiten

Kontext der Wirkungsforschung einzubetten.[44] Exemplarisch werden festgestellte Problematiken in der Wirkungsevaluation der Sozialen Arbeit, der Wirkungsmessung in der Entwicklungszusammenarbeit sowie im Non-Financial Performance Measurement im Profit-Bereich dargestellt.

3.3.1 Wirkungsevaluation in der Sozialen Arbeit[45]

Wirkungsevaluation als Teilbereich der Evaluationsforschung bezieht sich auf die Effekte von Maßnahmen und Programmen (Kromrey, 2001, S. 117). Wirkungsorientierung und die damit verbundene Wirkungsmessung wird sowohl sozialphilosophisch als auch methodologisch kritisch diskutiert; dies bezieht sich bspw. auf die (unbewusst) wertbasierte Konstruktion von Qualitätskriterien oder die Konzeption einer Nutzenforschung anstelle einer Wirkungsforschung (May, 2011, S. 43ff.).

Die Evaluationsforschung sieht Defizite im Bereich der Validitätseinschätzung, da festgestellte Effekte einzelner Projekte sich meist nicht generalisieren lassen. Dies ist bedingt durch fehlende Wissenschaftlichkeit der Analysen (fehlende Kontrollgruppen, Zufallsstichproben etc.) sowie (zeitlich bedingt) veränderte Problemdynamiken und Rahmenbedingungen (Menold, 2007, S. 31f., 38). Die fehlende Feststellung unbeabsichtigter Folgen wird darüber hinaus ebenso diskutiert wie die Problematik der eindeutigen Feststellung der Kausalität zwischen Maßnahme und Wirkung, sodass die „Zuerkennung von Wirkungen empirisch nicht exakt nachgewiesen werden kann, sondern letztlich immer auf das Herstellen von Plausibilität angewiesen ist" (Merchel, 2010, S. 135f.). Des

---

44 Für Erkenntnisse der allgemeinen Evaluationsforschung im deutschsprachigen Raum siehe bspw. Wottawa und Thierau (2003) sowie Stockmann (2004; 2006).

45 Evaluationsforschung wird hier auf Soziale Arbeit bezogen, um es von anderen Teilbereichen der Evaluationsforschung, beispielsweise der Überprüfung politischer Programme, abzugrenzen. Allgemeine Evaluationsforschung, sofern sie auch für den Sozialbereich gültig ist, wird daher in diesem Abschnitt eingebunden.

Weiteren können Konflikte zwischen den zentralen Akteuren im Evaluationsprozess (Kostenträger, soziale Organisationen, Evaluatoren und Zielgruppen) über Ausrichtung, Durchführung und Nutzbarkeit von Evaluation festgestellt werden (Beywl, 2001, S. 151ff.).

3.3.2 Wirkungsmessung in der Entwicklungszusammenarbeit

Als grundlegendes Problem bei der Wirkungsmessung in der Entwicklungszusammenarbeit wird das Spannungsfeld zwischen Ressourcenbegrenztheit und (wissenschaftlichen) Anforderungen an die Wirkungsmessung diskutiert (Englert, 2006, S. 9f.).

Weitere Problematiken werden in methodischen Durchführungsmängeln und institutionell bedingten Konflikten (Interessenkonflikte, Motivationsproblematiken) gesehen, welche die Messung unbeabsichtigter Wirkungen, des Nachweises der Kausalität von Ursache und Wirkung sowie die Messung langfristiger oder grundlegender Wirkungen (Impacts) erschweren (Borrmann & Stockmann, 2009, S. 113ff.; Arbeitskreis „Evaluation von Entwicklungspolitik" in der DeGEval-Gesellschaft für Evaluation e.V., 2009, S. 13ff.). Die Evaluation steht hierbei institutionell-organisatorisch unter einem Komplexitätsparadoxon: Praktiker, die einen lokalen, kontextspezifischen Ansatz durchführen, werden durch übergeordnete Organisationsinstanzen, die Maximierung der Benefits und Minimierung der Kosten durch Quervergleiche anstreben, zu einer Standardisierung spezifischer Aktivitäten gedrängt, um eine Vergleichbarkeit zu ermöglichen (Jäger, 2010, S. 115f.); dies kann zu erheblicher Durchführungsineffizienz führen. Praxisbezogen wird zudem auf eine mangelnde Einbindung von Zielgruppen, die Subjektivität im Bewertungsprozess und den fehlenden Mix qualitativer und quantitativer Erhebungsmethoden verwiesen (Englert, 2006, S. 1ff.; Borrmann & Stockmann, 2009, S. 113ff.).

3.3.3 Non-Financial Performance Measurement im Profit-Bereich

Die Abbildung monetärer Logiken hat im Unternehmensbereich eine lange Tradition. Der globale Trend zu sozial, ökonomisch und ökologisch nachhaltiger Unternehmensführung hat dazu geführt, dass die Verantwortung, die Unternehmen für die Gesellschaft übernehmen – als Corporate Social Responsibility (CSR) bezeichnet – verstärkt ins Blickfeld gerät. Die Corporate Social Performance (CSP) beschreibt die Betrachtung gesellschaftlicher Auswirkungen, die gemessen und evaluiert werden können (Clarkson, 1995, S.100ff.). Betont wird, dass Eigeninteressen zur Zukunftssicherung der Unternehmung im Fokus der CSR-Aktivitäten stehen können (Beckmann, 2007, S. 64ff.). Dieser Interessenkonflikt kann in der Praxis zur negativen Instrumentalisierung, Beeinflussung und Umdeutung von CSP führen (Chatterji & Levine, 2006, S.30f.).

Salazar, Husted und Biehl (2012, S. 176, 182) weisen auf zwei Problematiken hin. Erstens sollte der Fokus der Messung auf den Outcomes und Impacts liegen. In der heutigen Praxis werden im Rahmen von CSP aber v.a. die Aktivitäten dargestellt. Zweitens werden Wirkungsanalysen und CSR-Berichterstattungen meist auf zentraler Unternehmensebene durchgeführt. Wirkungen entstehen jedoch als Folge einzelner Projekte oder Programme, sodass die maßgebliche Analyse auf dieser Ebene stattfinden sollte.

Methodisch wird auf die Unzulänglichkeit bestehender Messlogiken hingewiesen, die anfällig sein können für Manipulationen, verzerrende Subjektivität oder Halo-Effekte, d.h. Täuschungseffekte bei der Feststellung von Korrelationen zwischen Ursachen und Wirkungen (Igalens & Gond, 2005, S. 134ff.). Zudem wird auf Kriterien verwiesen, die sich sowohl an empirischer Sozialforschung als auch an Accounting-Richtlinien orientieren: Vergleichbarkeit, Reliabilität und Validität. Diese werden aber nur selten vollumfänglich erfüllt. Validität wird bspw. durch fehlenden Einbezug von Stakeholdern und fehlende Berücksichtigung nicht intendierter oder indirekter Wirkungen eingeschränkt (Chatterji & Levine, 2006, S.32ff.).

4 Untersuchung

4.1 Design der Untersuchung

Ziel der Untersuchung ist die Herausarbeitung von Problemen, welche die Feststellung (sozialer) Wirkung erschweren. Die Untersuchung geht zunächst von einem undefinierten Problembegriff aus, der durch die Untersuchung in ein konkreteres Problemverständnis überführt werden soll.

Bei der Untersuchung handelt es sich um eine qualitative Studie, bei der mit der qualitativen Methode des halbstrukturierten Experteninterviews zunächst individuelle Erfahrungen und Einschätzungen erhoben werden, die mittels Analyse dann zu Problemdimensionen verdichtet werden.

Zur Untersuchung dieses Problemfeldes wurde eine explorative Befragung von Social Entrepreneuren und externen Wirkungsmessungsexperten ausgewählt: Sechs Social Entrepreneure und fünf externe Wirkungsmessungsexperten wurden mittels eines auf einem Leitfragebogen basierenden Einzelinterviews zu ihren Erfahrungen und Einschätzungen befragt. Die Dauer der einzelnen Gespräche betrug zwischen 35 und 45 Minuten. Die Gespräche wurden persönlich oder per Telefon/Skype durchgeführt.[46] Die Stichprobe von 11 interviewten Personen entspricht einem mittleren Stichprobenumfang, wobei durch die Heterogenität der interviewten Personen ein adäquate „inhaltliche Repräsentation" (Merkens, 1997, S. 100) des SIM im SE erreicht wird.[47]

---

46 Eine Übersicht über die durchgeführten Interviews ist im Anhang (Anhang 1) zu finden.

47 Siehe hierzu Merkens (1997, S. 98ff.) und Helfferich (2005, S. 152ff.).

Sowohl die interviewten Social Entrepreneure als auch die externen Wirkungsmessungsexperten sind als Experten einzuschätzen. Nach Meuser und Nagel (2009, S. 470) wird der kontrovers diskutierte Expertenbegriff einerseits durch Verantwortung und Wissen um die Forschungsfrage durch den Forschenden, andererseits durch eine zumeist bestehende institutionell-organisatorische Klassifizierung festgelegt. Der in dieser Arbeit verwendete Expertenbegriff bezieht sich auf beide Klassifizierungsstränge. Alle interviewten Personen beschäftigen sich in ihrer beruflichen Praxis mit der Frage, wie soziale Wirkung gemessen oder sichtbar gemacht werden kann. Zudem zeichnen sich die Interviewpartner durch institutionelle Anbindung an Organisationen aus, die im Bereich SE tätig sind.[48] Die Auswahl der interviewten Personen soll daher gewährleisten, dass die Gesamtauswertung der Interviews verallgemeinerbare Erkenntnisse ermöglicht.

Um die o.g. Zielsetzung einer Innensicht der Social Entrepreneure zu erreichen, werden die interviewten Personen in die Gruppe der Social Entrepreneure und die der externen Wirkungsmessungsexperten eingeordnet; so kann die Sichtweise der Social Entrepreneure abgegrenzt ausgewertet werden.[49] Im Folgenden werden die interviewten Personen vorgestellt.

Social Entrepreneure:

Andreas Heinecke ist Gründer der *Dialogue Social Enterprise,* mit der er Sehende und Hörende für die Potentiale seh- und hörbehinderter Men-

---

48 Thomas Martin Fojcik, der sich akademisch mit dem Thema Erfolgsnachweise im SE auseinandergesetzt hat, besitzt diese institutionelle Anbindung nur implizit. Im Rahmen seiner Tätigkeiten an unterschiedlichen Forschungseinrichtungen und der Präsentation von Forschungsergebnissen, z.B. bei der Tagung „SE Status Quo" der Universität Greifswald, kann jedoch eine Relevanz für die Beantwortung der Forschungsfrage angenommen werden.

49 Diese Reduktion von Tätigkeitsfeldern der Befragten ist im Rahmen des Untersuchungsdesigns notwendig. Die Problematik der Komplexitätsreduktion, so bspw. die Rolle Norbert Kunz' (*iq consult*) als SROI-Experte für andere SEOs, ist nicht zu vermeiden.

schen sensibilisiert und seh- und hörbehinderte Personen für den ersten Arbeitsmarkt qualifiziert. Er ist Ashoka *Fellow* seit 2005 und wurde 2009 von der Schwab Foundation for Social Entrepreneurship als Social Entrepreneur des Jahres ausgezeichnet. Zudem ist er Honorarprofessor für Social Business an der EBS – Universität für Wirtschaft und Recht.

Thorsten Jahnke ist Gründer und Geschäftsführer von *iq consult*. Als Inkubator für soziales Unternehmertum bietet die SEO *iq consult* Workshops, Veranstaltungen und Arbeitsraum für Social Entrepreneure an; darüber hinaus berät und unterstützt sie bei Unternehmensgründungen und Regionalentwicklung. Der Mitbegründer Norbert Kunz ist Ashoka *Fellow* seit 2007.

Niels Rot gründete 2010 die SEO *The Hub Zürich*, welche ein Inkubator für soziale Innovationen, namentlich für SEOs, ist. *The Hub Zürich* ermöglicht dies u.a. durch Fellowships, Coaching, Coworking-Space und Veranstaltungen.

Hildegard Schooß ist Gründerin des ersten Mütterzentrums Deutschlands. Sie ist Ehrenvorsitzende des von ihr 1985 gegründeten *Mütterzentren Bundesverbandes e.V.*, in dem die deutschen Mütterzentren und regionalen Mütterbüros in Deutschland zusammengeschlossen sind. 2010 wurde sie als *Senior Fellow* von Ashoka ausgezeichnet.

Stefan Schwall gründete 2005 *apeiros*. *apeiros* ist eine SEO, welche sich als Betreuungs- und Netzwerkinstitution mit Schulverweigerung im Einzelfall und übergeordnet als gesellschaftliche Problematik auseinandersetzt. Seit 2011 ist er *Fellow* von Ashoka.

Attila von Unruh gründete 2009 den *BV INSO – Bundesverband Menschen in Insolvenz und neue Chance e.V.*, der eine gesellschaftliche Entstigmatisierung der Thematik Insolvenz erreichen will und Angebote für Betroffene entwickelt. Er ist seit 2011 *Fellow* von Ashoka.

Externe Wirkungsmessungsexperten:

Thomas Martin Fojcik ist wissenschaftlicher Mitarbeiter am Institut für Allgemeine Betriebswirtschaftslehre & Internationales Automobilmanagement der Universität Duisburg-Essen. In einer Studie evaluierte er unterschiedliche Erfolgsnachweisverfahren im Hinblick auf ihre Anwendbarkeit im SE.

Philipp Hoelscher ist Leiter der Abteilung Analyse & Forschung von PHINEO. PHINEO evaluiert NPOs auf ihr Wirkungspotential, um eine transparentere Entscheidungsgrundlage für soziale Investoren zu ermöglichen. Zudem berät PHINEO NPOs, u.a. zu SIM und Wirkungsoptimierung.

Rainer Höll ist Geschäftsführer von Ashoka Deutschland und u.a. für die Entwicklung der *Fellows* verantwortlich. Er verantwortet das jährliche SRS-Reporting aller Ashoka *Fellows*.

Susanna Krüger ist Geschäftsführerin von *goodroot*, einer Wirkungsberatung, die u.a. Evaluationen im Bereich der Entwicklungszusammenarbeit und des SEs durchführt, Prozesse der Implementierung interner Wirkungsdokumentationssysteme begleitet und weiterführende wirkungsorientierte strategische Beratung anbietet.

Marlon van Dijk ist Managing Direktor des Sozialunternehmens *social Evaluator*, welches SEOs, NPOs und Unternehmen ein webbasiertes Tool zur Errechnung des SROI anbietet. Dieses ermöglicht nach einführender Anleitung die selbstständige Berechnung des SROI.

4.2 Konzeptualisierung des halb-strukturierten Experteninterviews

Das Experteninterview gilt als ein qualitatives Instrument empirischer Sozialforschung, welches zu explorativen Forschungszwecken eingesetzt wird. Als Methodik der Datengewinnung verfolgt es den Zweck, ein spezifisches Wissen – das der Experten – zu erheben (Meuser & Nagel, 2009, S. 465f.). Dieses Wissen zeichnet sich dadurch aus, dass es die „Begründung von Problemursachen als auch von Lösungsprinzipien" (Pfadenhauer, 2007, S. 452) beinhaltet und in einem Verantwortungsverhältnis gegenüber Problematik und Lösung steht. Aus konstruktivistischer Sicht kann der Experte also als relevanter Deutungsfaktor sozialer Realität gesehen werden. Gegenstand der Forschung ist nicht die personelle Ebene als biografisch begründetes Expertenwissen, sondern der in einen „Funktionskontext eingebundene Akteur" (Meuser & Nagel, 1997, S. 485, zitiert in Liebold & Trinczek, 2009, S. 35) und sein Wissen zum bzw. seine Erfahrung mit dem untersuchten Problem (Liebold & Trinczek, 2009, S. 35). Zum Expertenwissen in dieser Arbeit ist zu ergänzen, dass dieses nicht von den (subjektiven) SIM-Erfahrungen des Interviewten abzulösen ist. Daher beinhalten die Interviews zugleich *subjektive Theorien* der Experten über den Untersuchungsgegenstand (wie sie in halbstandarisierten Interviews erfragt werden).[50] [51]

Um die komplexen Realitäten, die durch ein Experteninterview rekonstruiert werden, erheben zu können, ist das Experteninterview als halb-strukturiertes, Leitfragebogen basiertes Interview durchzuführen (Meuser & Nagel, 2010, S. 459; 2009, S. 472f.; Liebold & Trinczek, 2009, S. 35). Das Leitfadeninterview zeichnet sich durch einen Balanceakt zwischen auf den Untersuchungsgegenstand bezogenen, vorstrukturierten

---

50 Zu halbstandarisierten Interviews siehe Scheele und Groeben (1988, S. 9ff.) und Flick (2004, S. 127ff.).

51 Diese Erweiterung des engen Experteninterviews ist notwendig, da die Aussagen der Interviewten teilweise auf subjektiv erlebten Erfahrungen mit dem SIM zurückzuführen sind. Die Auswertung der Untersuchung folgt diesem nur insoweit, dass die Subjektivität einzelner Aussagen (im Sinne von Erfahrungen) als Limitierung der Aussagekraft dieser Arbeit einfließt.

Fragen und der Offenheit gegenüber den inhaltlichen Schwerpunkten des Interviewten aus (Hopf, 1978, S. 101ff.; Hoffmann-Riem, 1980, S. 343ff., 357ff.). Das induktive Untersuchungsdesign, welches v.a. für die explorative Zielsetzung des Experteninterviews relevant ist, erhält durch diese Vorstrukturierung einen deduktiven Ausgangspunkt (Liebold & Trinczek, 2009, S. 37).

4.3 Interviews mit Social Entrepreneuren und externen Wirkungsmessungsexperten

4.3.1 Aufbau der Leitfragebögen[52]

Begründet auf den methodologischen Erläuterungen im vorangegangen Abschnitt ist der Leitfragebogen als Ordnungselement für die durchgeführten Interviews gewählt worden. Zweck des Leitfragebogens ist es, durch Auswahl relevanter Themenbereiche die Beantwortung der Forschungsfrage zu ermöglichen und zugleich die größtmögliche Offenheit gegenüber den Inhalten des Interviewten, d.h. die „Generierung monologischer Passagen" (Helfferich, 2005, S. 161), zu erlauben.

Der in dieser Untersuchung fokussierte methodische Ansatz baut auf zwei Grundüberlegungen auf: Erstens wird durch nicht (explizit) problemorientierte Leitfragen versucht, die Beantwortung der Forschungsfrage durch Erzählsituationen über unterschiedliche Dimensionen des SIM ohne unmittelbaren Bezug zu Problemen im SIM zu ermöglichen. Dies soll eine grundlegende Vorstrukturierung durch den Autor vermeiden. Zweitens und aufbauend auf der ersten Grundüberlegung fokussiert der Leitfragebogen erst am Ende des Interviews die Problemdimension des SIM. Diese Grundüberlegungen beruhen auf zwei Argumenten. Erstens existieren keine grundlegenden empirischen Untersuchungen über die

---

52 Die Leitfragebögen sind im Anhang (Anhang 2, 3 und 4) zu finden.

Forschungsfrage, sodass eine Vorstrukturierung der Problemdimensionen eine Hypothesenbildung des Autors darstellen würde. Die Strukturierung der Problemdimension ist jedoch eines der zentralen Forschungsziele der Untersuchung. Zweitens ermöglichen durch den Interviewer nicht vorstrukturierte Aussagen einen erhöhten Grad an Offenheit im Sinne qualitativer Methodologie – und somit der Aussagekraft der Untersuchung (Hopf, 1978, S. 101ff.).

In der Untersuchung unterscheiden sich die Leitfragebögen für die Social Entrepreneure und für die externen Wirkungsmessungsexperten in den Grundüberlegungen und im methodischen Aufbau nicht. Inhaltlich differenzieren sich die Leitfragen für die Social Entrepreneure und die externen Wirkungsmessungsexperten in der Perspektive der Fragestellung. Die Social Entrepreneure werden, fokussiert auf ihre Erfahrungen mit dem SIM, zu Erzählpassagen geleitet. Die Leitfragen an die externen Wirkungsmessungsexperten zielen hingegen auf (allgemeinere) Bewertungen von Aspekten des SIM ab.

Der Leitfragebogen für die Social Entrepreneure baut dabei auf sechs Themenblöcken auf. Die erste Kategorie (Zielsetzungen der SEO) hat neben dem Herstellen einer nicht SIM bezogenen Erzählsituation die Funktion das Gespräch durch eine vertraute, nicht problembezogene Thematik zu eröffnen. Die anschließenden Kategorien lehnen sich an den Theorieteil dieser Arbeit an; sie stellen Ausschnitte der Dimensionen des SIM im SE dar. Die sechs Themenblöcke sind:

- Zielsetzungen der SEO (Frage 1)
- Definition des SIM (Frage 2)
- Umsetzung SIM in der SEO (Fragen 3 & 5)
- Anforderungen an SIM (Fragen 4 I. & 4 II.)
- Probleme im SIM (Frage 6 I.)
- Optimierungspotential (Frage 6 II.)

Der Leitfragebogen für die externen Wirkungsmessungsexperten beinhaltet fünf Themenblöcke. Neben dem o.g. Unterschied in der Fragenperspektive fokussiert er die konkrete Ebene der Umsetzung einzelner SEOs aus den Erfahrungen ausführender Social Entrepreneure und deren gesellschaftlicher Zielsetzungen nicht. In einer abweichenden Kategorie bezieht er sich auf die in Forschung und Praxis geführte Debatte über die Funktion von Methoden und Ansätzen zur Wirkungserhebung. Die Kategorien lehnen sich wie bei den Interviews mit den Social Entrepreneuren am Theorieteil dieser Arbeit an. Die übergeordneten Themenblöcke für die Interviews mit den externen Wirkungsmessungsexperten sind:

- Definition des SIM (Frage 2)
- Anforderungen an SIM (Frage 3)
- Ansätze zur Erhebung (Fragen 4 & 5)
- Probleme im SIM (Frage 6 I.)
- Optimierungspotentiale (Frage 6 II.)

Ergänzend zum Aufbau der Leitfragebögen ist darauf hinzuweisen, dass die Durchführung des Interviews trotz methodisch logischen Leitfragebogens verschiedenen Schwierigkeiten unterworfen sein kann, die v.a. Verhalten, Vorwissen und Einstellungen des Interviewers, des Interviewten und deren Interaktion betreffen.[53]

4.3.2 Auswertungsmethodik

4.3.2.1 Methodologische Dimension

Im Hinblick auf die Auswertung der Interviews ist festzustellen, dass trotz der Abstraktion des Wissens von der Person des Experten in der Konzeption des Experteninterviews, das Wissen und die interviewte Person in Beziehung zueinander stehen, da das Wissen auf der Wahr-

---

53 Siehe hierzu beispielhaft Bogner und Menz (2009, S. 77ff.), Meuser und Nagel (2010, S. 465) sowie Gläser und Laudel (2010, S. 120ff.).

nehmung der Problemrealität beruht. Auch für das Experteninterview muss daher das Spannungsfeld qualitativer Forschung zwischen Einzelfallerhebung und Generalisierung der Einzelfälle berücksichtigt werden. Eine konsequente *Idiographik* beschreibt den Ansatz der Verallgemeinerbarkeit von Phänomenen des Einzelfalls. Hingegen begreift die *Quasi-Nomothetik* Verallgemeinerung als die Abbildung allgemeiner Struktur durch aus ihrem Kontext herausgezogene Phänomene unterschiedlicher Einzelfälle (Flick, 1995, S. 163f.).

Die Auswertung von Experteninterviews orientiert sich an inhaltlich übereinstimmenden Themendimensionen der Gesamtheit der durchgeführten Interviews; sie kann als „querdimensionale Analyse" (Leibold & Trinczek, 2009, S. 44) verstanden werden. Die Bedeutung der Aussagen ergibt sich dabei aus dem funktionellen Charakter des Experten (Meuser & Nagel, 2009, S. 476). Da durch die Interviews die Problemrealität als soziale Realität erhoben wird, ist der Auswertungsprozess als ein interpretativ rekonstruierendes Verfahren zu verstehen (Bohnsack, 1991, S. 32ff.). Nach Meuser und Nagel (2009, S. 476f.) hat dieser Auswertungsprozess sechs Schritte: Transkription der thematisch relevanten Abschnitte des Einzelinterviews[54], Paraphrasierung durch Sequenzierung der relevanten Abschnitte in thematische Blöcke, Kodierung durch Ordnung der Blöcke nach Themen, Vergleich der Blöcke aus unterschiedlichen Interviews anhand dieser Themen, Konzeptualisierung durch Zusammenführung geteilter Aussagen in Kategorien, Generalisierung zu empirisch abstrahierten Typologien oder Theorien. Die Entscheidung über Relevanz und Selektion ist als erste Interpretation und damit Wertung durch den Forschenden zu sehen (Leibold & Trinczek, 2009, S. 41f.). Die Auswertung von Experteninterviews ist der *Quasi-Nomothetik* zuzuordnen.

---

54 Liebold und Trinczek (2009, S. 41f.) weisen darauf hin, dass dieser Schritt aus Zeit- und Kostengründen nicht unbedingt vollzogen werden muss.

4.3.2.2 Auswertungsansatz

Die Auswertung der Interviews lehnt sich an Liebold und Trinczek (2009, S. 41ff.) sowie Meuser und Nagel (2009, S. 476f.) an. Die Interviews werden dabei einzeln ausgewertet. Anhand der im Leitfragebogen entwickelten übergeordneten Themenblöcke wird eine Ordnungsstruktur für die Analyse entworfen. Die einzelnen, untersuchungsrelevanten Aussagen werden diesen Themenblöcken zugeordnet. Die Themenblöcke in den Interviews mit den Social Entrepreneuren sind folgende:

- Zielsetzungen der SEO
- Definition des SIM
- Umsetzung des SIM
- Anforderungen an SIM
- Probleme im SIM
- Optimierungspotential

Die Themenblöcke für die Interviews mit den externen Wirkungsmessungsexperten sind:

- Definition des SIM
- Anforderungen an SIM
- Umsetzung des SIM
- Probleme im SIM
- Optimierungspotentiale

Die Einordnung der Aussagen erfolgt als sinngemäße Wiedergabe der Aussage. Die Aussagen werden im selben Schritt anhand des Grades der Vorstrukturierung der Aussage durch den Interviewer mittels dreier Kategorien gewichtet:[55]

---

55 Die Gewichtung der Aussagen soll eine Transparenz über den Grad der Vorstrukturierung der Antwort durch den Interviewer herstellen. Sie erfolgt für die Aussagekategorien Umsetzung des SIM, Anforderungen an SIM, Probleme im SIM und Optimierungs-

- niedrige Gewichtung bei Aussage auf direkt darauf abzielende Frage
- mittlere Gewichtung bei Aussage auf indirekt in Verbindung stehende Frage[56]
- hohe Gewichtung bei Aussage ohne vorausgegangene direkte oder indirekte Fragestellung

Auf Basis der Auswertung der einzelnen Interviews werden die für diese Forschungsarbeit relevanten Dimensionen der Probleme im SIM jeweils aus Perspektive der Social Entrepreneure und der externen Wirkungsmessungsexperten zusammengeführt. In diesem Schritt werden die genannten Probleme im SIM typologisiert und entsprechend geordnet. Die Entwicklung verallgemeinerbarer Aussagen basiert daher auf dem Verständnis der *Quasi-Nomothetik*; Einzelaussagen werden vereinzelt in den Auswertungsprozess einbezogen, ihr Grad der Generalisierbarkeit ist jedoch begrenzt.

4.3.2.3 Auswertungszielsetzung

Die Auswertung der Experteninterviews erlaubt eine empirisch begründete Herausarbeitung und Systematisierung der bestehenden Probleme im SIM. Zielsetzung ist es, anhand der beschriebenen Methodik die Interviews der Gruppe der Social Entrepreneure und der Gruppe der externen Experten durch ein empirisch begründetes Verfahren nachvollziehbar auszuwerten, um eine Typologisierung der Probleme aus den jeweiligen Perspektiven entwickeln zu können. Dies ermöglicht die Ent-

---

potential. Aufgrund des *quasi-nomothetischen* Vorgehens bei der Zusammenführung der einzelnen Interviews hat die Gewichtung für die Gesamtauswertung der Interviews nur begrenzte Relevanz.

56 Wird bspw. nach der Rolle von Methoden zur Wirkungsmessung gefragt und die darauf folgenden Aussagen beinhalten Angaben zu Problemen im SIM, ist dies eine indirekt mit der Frage in Verbindung stehende Antwort.

wicklung einer ganzheitlichen, empirisch begründeten Problemzusam-
menführung im Schlussteil dieser Arbeit.

4.3.3 Auswertung: Social Entrepreneure

Auf Grundlage der dargestellten Auswertungsmethodik können in den
Interviews mit den Social Entrepreneuren verschiedene übereinstim-
mende Themenfelder identifiziert werden, in welchen die Social Entrepreneure SIM problematisieren. Diese sind die grundsätzliche Frage der
Messbarkeit und Bewertung sozialer Wirkungen, die methodologische
Dimension, die begrenzten Ressourcen der SEOs, fehlendes Know-how
und die Rolle externer Stakeholder.

Grundfrage der Mess- und Bewertbarkeit sozialer Wirkungen
Die Diskussion der Frage der generellen Messbarkeit sozialer Werte ist
eine elementare Grundvoraussetzung dafür, ob und mit welchem Ausgangspunkt sich der Social Entrepreneure dem SIM nähert. In den Interviews ist durchgängig eine Diskussion der Problemdimension erkennbar,
ob soziale Faktoren, die einem subjektiven Empfinden der Einzelperson
entsprechen, im Rahmen der Wirkungsmessung überhaupt operationali-
sierbar sind (01_025, 01_035, 01_047, 04_027, 04_038, 05_033)[57]. Diese
Ebene wird einerseits als grundsätzliche Begrenzung von Wirkungserhebung diskutiert, andererseits wird sie mit der Frage verbunden, ob die
Nicht-Operationalisier- und Quantifizierbarkeit sozialer Faktoren dem
defizitären Methodenwissen der eigenen Person zuzuordnen ist: „Das
weiß ich nicht, wie ich das messen kann, das ist eine sehr individuelle
Wahrnehmung" (04_027, siehe auch 01_042). Diesem zugrunde liegend
ist die Feststellung, dass sich die Denklogiken des sozialen Bereichs und
der rationalisierenden Wirkungsmessung unterscheiden (01_013, 02_012,

---

[57] Die Belege (Interviewnummer_Aussagenummer) verweisen auf die umfangreichen
Auswertungstabellen zu den geführten Interviews. Diese können auf Nachfrage vom
Autor bezogen bzw. eingesehen werden.

02_022, 02_023). Dies kann entweder zu genereller Ablehnung von Wirkungsmessung oder aber zu methodischen Schwierigkeiten führen, Denkkategorien des SIM zu übernehmen und anzuwenden (01_013, 02_012, 02_022). Diese ablehnende Haltung wird von den interviewten Social Entrepreneuren zwar nicht für sich selbst eingenommen, aber als grundlegende Hürde innerhalb von SEOs erkannt: „Das ist eine Diskussion, die häufig sehr moralisch geführt wird: Darf man, darf man nicht? Ökonomisierung des Sozialen?" (06_015).

Zusätzlich wird die Vergleichbarkeit sozialer Wirkungen als schwer erreichbar diskutiert: „Also ich denke, da ist auch jeder Sozialarbeiter gefordert, seine eigenen Maßstäbe zu definieren, weil der Markt ist extrem fragmentiert und darum eine Vergleichbarkeit erstmal enorm schwierig ... Das ist wie mit Äpfeln und mit Birnen" (05_016, siehe auch 04_027, 04_038). Die Diversität bei der grundlegenden Einschätzung von sozialer Wirkung wird ergänzt durch die vielfältigen Vorstellungen, welche Wirkungen für den Erfolg relevant sind bzw. welche überhaupt entstehen: „Wenn ich sage, womit messen wir das [den Erfolg], dann sieht jeder tatsächlich etwas anderes darunter" (01_019, siehe auch 01_021).

Methodologische Begrenztheit
Die methodologische Diskussion erweitert die im Kontext der Vergleichbarkeit angesprochene Diversität von Wirkungen bei verschiedenen Social Entrepreneuren durch die Mehrdimensionalität von Wirkfaktoren und Wirkungen für eine einzelne SEO. Die Social Entrepreneure stehen hier vor der Schwierigkeit, soziale Wirkungsmessung als Methode der (Komplexitäts-)Reduktion relevanter Wirkungsdimensionen grundlegend und umfassend umzusetzen (01_006, 01_027, 04_025, 04_027, 06_010). Die mit Abstand am intensivsten diskutierte Limitierung auf der methodologischen Ebene ist die Begrenzung der praktischen Umsetzbarkeit aufgrund der o.g. Problematik der Operationalisierung sozialer Wirkungen, der Schwierigkeit der Herstellung von Kausalität zwischen eigener Tätigkeit und entstehenden Wirkungen und des damit verbundenen Ausschlusses externer Faktoren (Kausalität: u.a. 01_042, 01_047, 03_020,

03_021, 04_030; externe Faktoren: u.a. 01_042, 01_047, 02_019, 03_012, 04_005, 04_029, 04_034).

Die Problematik der Herstellung von Kausalität wird in verschiedensten Dimensionen diskutiert und mit der Rolle externer Einflüsse als beeinflussende, unabhängige Wirkfaktoren verbunden. Dies reicht von der Problematisierung der Identifizierung des eigenen Impacts durch externe Einflüsse (01_042) bis hin zu der Feststellung, dass Kausalitätsherleitungen auf nicht exakten Annahmen beruhen: „Dann sollte man verschiedene Kausalitätsfaktoren versuchen zu identifizieren, ... um dann einen Kausalitätsfaktor zu bestimmen ... Das wird aber nie exakt sein" (03_021). Wirkungsmessung ist aus methodologischer Sichtweise daher nur *ein* Indikator für Erfolg und kann keine ganzheitliche Aussage über erbrachte Wirkungen und Zielerreichung treffen: „Wie wir Erfolg definieren, werden wir nie zu hundert Prozent durch Wirkungsmessung erfassen können. Die Wirkungsmessung wird ein Indikator dafür sein" (03_015, siehe auch 05_019 im Zusammenhang mit Ressourcenbegrenzung).

Ressourcenproblematik

SIM bedeutet für Social Entrepreneure die Verwendung zeitlicher, personeller und finanzieller Ressourcen. Je höher der Anspruch ist, der an Aussagekraft und folglich an Methodik und Umfang gestellt wird, desto höher ist der notwendige Einsatz von Ressourcen: „Ich hätte das schon gerne deutlich professioneller, genauer oder differenzierter und auch aktueller, aber das bekomme ich einfach vom Arbeitsumfang nicht hin" (02_013, siehe auch 02_026, 03_023). Dies geht einher mit der Erkenntnis, dass Wirkungsmessung in Umfang (Breite) und Methodik (Tiefe) theoretisch keine Grenzen gesetzt sind (02_011, 05_012), aber in der Praxis eine *natürliche* Begrenzung durch mangelnde zeitliche (u.a. 01_029, 01_046, 03_004, 03_017, 04_011) und finanzielle Ressourcen erfährt (u.a. 01_039, 03_017, 04_033).[58] Da soziale Wirkungsmessung nicht das Hauptgeschäft

---

58 Siehe auch 03_024, 04_033, 06_010, 06_014, 06_020.

des Social Entrepreneurs darstellt, führt die Begrenztheit der Ressourcen nicht nur dazu, dass wissenschaftliche Anforderungen wie etwa Reliabilität und Validität nicht erreicht werden können (05_019, 02_024), sondern auch dazu, dass Wirkungsmessung allgemein nur in begrenztem Maße („Pi-mal-Daumen" (02_024)) umgesetzt wird: „Das ist eine reine Kapazitätsfrage. Wenn du jeden Tag ums Überleben kämpfen musst, dann hast du einfach keine Zeit für diese Form von Kür. Das ist dann das alte Spiel von Jacke und Hemd" (05_031). Diese Problematik zeigt sich auch in der – wenn überhaupt – nicht kontinuierlich, sondern nur punktuell stattfindenden Erhebung von Wirkungen (02_011, 05_027).

Fehlendes Know-how
Die Anwendung von Wirkungsmessung hängt auch davon ab, ob Social Entrepreneure über das notwendige Wissen zu deren Umsetzung verfügen. In den Interviews zeigte sich generell, dass besonders noch nicht lange tätige oder weniger unternehmerisch ausgerichtete Social Entrepreneure über unzureichendes Wissen zur Umsetzung verfügen: „Im Moment ist das noch sehr nebulös für mich" (04_041, siehe auch 01_042, 04_022, 04_025, 04_031, 04_032). Die Ausprägung fehlenden Know-hows ist abhängig vom Erwartungs- als auch dem Erfahrungskontext des Social Entrepreneurs. So kann es einem erfahreneren Social Entrepreneur mit hohen Ansprüchen an Wirkungsmessung bspw. an der Kompetenz fehlen, Daten wissenschaftlich auszuwerten (02_026). In Ergänzung zum Umgang mit methodischen Defiziten benennen die Social Entrepreneure die Fähigkeit der Zielformulierung und das Identifizieren von Indikatoren als weitere problematische Umsetzungsanforderungen (01_006, 01_021, 03_018).

Rolle externer Stakeholder
Obwohl die externe Nachfrage nach Wirkungsausweisen von einigen Social Entrepreneuren verneint wird (02_011, 03_010), erleben oder sehen die Social Entrepreneure verschiedene externe Faktoren, die Wirkungsmessung erschweren (könnten). Die Diversität von Anforderungen durch

Geldgeber wird kombiniert mit einem fehlenden Grundverständnis über Wirkung(smessung): „Manchmal weiß ich gar nicht, ob die Personen, die sowas an uns ran tragen auch wissen, was sie an uns ran tragen" (06_006, siehe auch 06_023). Eine zukünftige Gefahr wird darin gesehen, dass externe Anforderungen die Kapazitäten des Social Entrepreneurs übersteigen könnten (03_027).

4.3.4 Auswertung: Externe Wirkungsmessungsexperten

In der Auswertung der Interviews der Gruppe der externen Wirkungsmessungsexperten zeigen sich zahlreiche Parallelen zu den Ergebnissen der Interviews mit den Social Entrepreneuren. Zwei grundlegend festzustellende Unterschiede sind jedoch die theoriebezogene Tiefe der Diskussion sowie ein – letztlich – pragmatischerer Umgang mit der Diskussion der Anforderungen des SIM durch die externen Wirkungsmessungsexperten. Bei den Interviews mit den externen Experten ist zu beachten, dass, neben Unterschieden im Erfahrungswissen, auf Denkschulen begründete grundlegende Positionsunterschiede (Paradigmen) bestehen können. In den Interviews mit den externen Experten konnten folgende Themenfelder identifiziert werden: Problematisierung des Wirkungsbegriffs, methodologische Begrenztheit, Ressourcenbegrenztheit, der Social Entrepreneur als Akteur und die Rolle externer Stakeholder. Als Ausgangspunkt lässt sich erkennen, dass der Umsetzungstand in der Praxis als generell entwicklungsbedürftig angesehen wird (07_013, 09_018, 11_010). So wird bspw. auf die vielfache Messung von Outputs (und nicht Outcomes oder Impacts) verwiesen, da diese für den Social Entrepreneur relativ leicht zu erheben seien (10_012).

Problematisierung des Wirkungsbegriffs
Die vorstrukturierte Diskussion der zentralen Begriffe des SI und des SIM in den einzelnen Interviews zeigte, dass diese Begriffe sehr unterschiedlich verstanden werden. SI wird einerseits analog zum Begriff so-

zialer Wertschöpfung ohne spezifische Anforderung an die Wirkungsdimension verstanden (10_004). Andererseits wird SI als soziale Wirkung in einer definierten Wirkungsdimension, nämlich der einer langfristigen, grundlegenden sozialen Veränderung, d.h. entsprechend der Impact Value Chain, verstanden (07_006, 08_004, 11_006, 11_007). Auch der Begriff SIM wird variantenreich verstanden und verwendet (u.a. 07_004, 08_005, 09_005, 10_006). Dies ist bspw. die Erhebung langfristiger Impacts oder aber die weitergefasste Messung sozialer Wertschöpfung, wobei der Umfang des Wortes „sozial" wiederum unterschiedlich verstanden wird. Dies kann bspw. sozial im Sinne gesellschaftlicher Wertschöpfung sein und demnach soziale, kulturelle und ökologische Folgen beinhalten oder aber für das Konzept des *blended value* stehen. Das Verständnis, ob SIM als quantitatives Messen, als Verfahren qualitativer und quantitativer Erhebung oder, darüber hinausgehend, als Konzept der Reflektion über die Entstehung von Wirkungen verstanden werden soll, oder aber andere Begriffe zielführender sind, variiert: „Wir verwenden den Begriff Social Impact Measurement selten, da wir glauben, es gibt mehr Methoden sozialen Impact zu dokumentieren als die, wo es um Zählen, Messen, Biegen geht, insofern sprechen wir oft von sozialer Wirkungsdokumentation, also Social Impact Documentation" (07_005, siehe auch 08_004, 10_004, 10_017, 11_005, 11_008).

Methodologische Begrenztheit
In den Interviews mit den externen Wirkungsmessungsexperten konnte im Vergleich zu den Social Entrepreneuren ein geringeres Ausmaß an Problematisierung der einzelnen methodologischen Dimensionen festgestellt werden. Dieses geringere Problemempfinden ist nicht als Relativierung dieser Begrenztheit zu verstehen, sondern kann durch den praxisbezogenen, pragmatischen Umgang mit Anforderungen an Wirkungsmessung erklärt werden: „Es gibt ein zufriedenstellend, ein gut und ein sehr gut. In der Praxis ist es [die Umsetzung der Wirkungsmessung] halt zufriedenstellend, ... aber ich weiß, dass da methodisch theoretisch noch viel Luft nach oben ist, aber man muss dann einfach pragmatisch sein"

(07_013). Methodisch wird angesprochen, dass der notwendige Einbezug potentieller, nicht intendierter oder negativer Wirkungen in der Praxis nicht (immer) stattfindet: „And also, to understand, what really change is, you also need to take into account negative impacts or unintended impacts. And this is sometimes not in the way social entrepreneurs think, because they think, well, we have thought about creating solution for a social issue and we only see the positive results of doing so. But sometimes there are negative impacts" (10_013). Darüber hinaus sind die Problematik der Herstellung von Kausalität zwischen SEO und Wirkungen sowie die Ermittlung des Deadweight zu nennen (07_024). Die Messung von Impact wird dabei als schwierig angesehen: „Ich benutzte überhaupt nicht das 'Measurement'-Wort, schon gar nicht Impact Measurement, weil das meiner Ansicht nach völlig überhöht und völlig unmöglich ist. Man kann Dinge beschreiben und man kann sie mit Leuten wirkungsorientiert weiterentwickeln, und man kann Outcome messen" (08_005, siehe auch 07_008). Aus wissenschaftlicher Perspektive ist Wirkung nicht vollständig nachzuweisen: „Meine These ist, dass man streng genommen ... die Wirkung eines sozialen Projektes wissenschaftlich nie zu hundert Prozent nachweisen kann. Sondern man muss versuchen, sich über verschiedene Indikatoren an diese Wirkung anzunähern" (09_004). Alle anzuwendenden quantitativen, monetarisierenden und qualitativen Methoden weisen nur eine limitierte Aussagekraft auf (08_020, 08_022, 09_020, 11_015).

Ressourcenbegrenztheit
Die begrenzten Ressourcen des Social Entrepreneurs und der hohe Aufwand führen zu einer starken Beschränkung der Umsetzung von SIM. So wird bspw. konstatiert, dass sich die Messung sozialer Wirkungen auf die Outcomes beschränkt, da die Messbarkeit der Impacts aufgrund der methodischen Schwierigkeit und finanzieller Budgetrestriktionen in der Praxis der Social Entrepreneure nicht möglich erscheine (07_008, 11_011, siehe auch 09_017 zum hohen Aufwand quantitativer Erhebungen). Die hohe Komplexität und der steigende Aufwand bei anspruchsvolleren

Erhebungsdesigns wird daher durch fehlende personelle, finanzielle Ressourcen und Energie im Sinne von Motivation begrenzt: „That is the thing we always hear ... it's very expensive and we want to spend our time, energy and money on the social purpose" (10_003, siehe auch 08_006, 08_015, 09_010, 10_010, 10_015).

Social Entrepreneur als zentraler Akteur
Beim Social Entrepreneur als zentralem Akteur stellen die externen Experten zwei Hürden in den Mittelpunkt. Diese sind fehlendes Umsetzungsverständnis und Sorgen oder Bedenken gegenüber SIM. Das fehlende Umsetzungsverständnis umfasst v.a. ein defizitäres grundlegendes Verständnis von Wirkungsmessung und Methoden. Dies sind v.a. eine nicht vorhandene TOC oder die Problematik der Identifizierung von Zielen und die daraus folgende Entwicklung von Erfolgsindikatoren (07_021, 07_023, 07_028, 07_033, 07_035, 08_012, 09_009, 10_009, 10_014). Einher geht, dass viele Akteure aus intrinsischer Motivation ein soziales Problem lösen wollen ohne mit einem rationalen Ansatz Ziele und die Erreichung dieser zu reflektieren. Entsprechende Managementkompetenzen müssen sie sich erst aneignen (09_011, 09_014, 09_015). Darüber hinaus werden das Potential eines Wirkungsausweises für die Außenkommunikation sowie der interne Nutzen als Lernprozess durch den Prozess der Wirkungserhebung und Ergebnisreflektion (noch) nicht erkannt (07_031, 08_016, 08_017).

Als Hemmnis werden auch verschiedene Ängste und Sorgen genannt. In den konkret genannten Sorgen und Ängsten sind keine verallgemeinerbaren Strukturen erkennbar, sodass die folgenden Nennungen als Einzelaussagen zu verstehen sind. Als Hemmnisse werden identifiziert: die Sorge vor der Ökonomisierung des Sozialen, die Angst des Einsatzes fachfremder Logiken auf soziale Praktiken, die Angst vor Kontrolle durch Wirkungsüberprüfung und die Folgen von Zielabweichungen (08_018, 11_022, 11_024). Darüber hinaus kann eine Überforderungssituation erkannt werden aus Angst vor der Komplexität der Wirkungsmessung und der Sorge, *alles* messen zu müssen (09_019, 11_026).

Rolle externer Stakeholder

Die Rolle externer Stakeholder wird in unterschiedlichen Dimensionen problematisiert. Bei der Diskussion des mangelnden Umsetzungsstandes werden (neben internen Anreizen) fehlende externe Anreize für SEOs ihre Wirkungen auszuweisen genannt. Bei den Geldgebern wird angemahnt, dass diese oftmals an tiefergehenden Wirkungsausweisen überhaupt nicht interessiert seien. Dies kann in der strategischen und nicht wirkungsorientierten Auswahl oder aber im Eigeninteresse negative Wirkungen nicht ausweisen zu wollen begründet sein (07_026, 07_027, 07_032, 08_026, 10_010). Dies kann zu einer „unheiligen Allianz" (07_036) führen, die darin mündet, dass Förderer Wirkungen nicht wissen wollen und geförderte Social Entrepreneure zu Schutzbehauptungen gelangen, dass sich Wirkungen gar nicht messen ließen. Zugleich wird die Gefahr genannt, dass steigende oder diverse Anforderungen unterschiedlicher Finanziers zu einer Kapazitätsüberlastung der Social Entrepreneure führen können (07_034, 08_013, 09_019). Dies kann wiederum zu einem kontraproduktiven Abzug von Mitteln, die zur Erreichung sozialer Ziele eingesetzt würden, führen (07_036, 11_013). Eine Einzelaussage ergänzt, dass die Motivation durch externen Druck zur Wirkungsmessung sinke: „Die Mehrzahl findet es [Wirkungserhebung] eher schwierig, weil es von außen aufgedrückt wird und mit vermehrter Arbeit einhergeht" (08_016). Besonders im Kontext externer Stakeholder wird auf die Gefahr der Interpretation komplexer Realitäten durch vereinfachte, operationalisierte Wirkungsausweise hingewiesen. Dies betrifft die Möglichkeit zur Fokussierung von Zahlen als Bewertungsmaßstab (08_019, 11_015, 11_023). In letztlicher Folge kann dies zu einer Ressourcenallokation im sozialen Bereich führen, die sich an sozioökonomischen Wirkungszahlen orientiert: „Es ist natürlich einfach Sachen zu quantifizieren und dann in Systeme zu pressen von denen man glaubt, sie beschreiben die Wahrheit, daran kann man sich festhalten, und damit kann man auch Ressourcen verteilen. Ich glaube aber, die Welt ist komplizierter" (08_028).

5 Zusammenführung: Probleme und Hürden sozialer Wirkungsmessung

Im Schlussteil dieser Arbeit werden die Ergebnisse der Untersuchung in 5.1 in den Kontext der bestehenden Forschungsdiskussion eingeordnet und eine empirisch begründete Übersicht über die zentralen Problemfelder im SIM erstellt. Um die Ergebnisse für die Praxis nutzbar zu machen, werden in 5.2 zentrale Mechanismen zur Überwindung bestehender Problemfelder konzis diskutiert.

5.1 Entwicklung einer ganzheitlichen Problemdarstellung

Zunächst werden die zentralen Dimensionen bestehender Probleme dargestellt und konzis erläutert.[59] Die mittels der Untersuchung gewonnenen Erkenntnisse zeigen zwischen den Social Entrepreneuren und den externen Wirkungsmessungsexperten eine Vielzahl gleicher Dimensionen auf. Die durch die beiden Expertengruppen strukturierten Problemdimensionen decken sich weitgehend mit denen in der Literatur. Obwohl die Interviews nicht durch die in der Literatur fragmentiert genannten Problematiken vorstrukturiert wurden, zeigt sich, dass der empirisch begründete Teil dieser Arbeit zu vergleichbaren Ergebnissen kommt. Inhärente Problemannahmen, die in der Literatur genannt werden, konnten somit empirisch nachgewiesen werden. Es ist jedoch auch festzustellen, dass in den Interviews SIM vorwiegend als Potential darge-

---

59 Die Erläuterungen in diesem Abschnitt sind nicht abschließend, sie stellen die zentralen Probleme der einzelnen Problemdimensionen dar. Für weiterführende Erläuterungen siehe 3.2, 4.3.3 und 4.3.4.

stellt worden ist. Die entwickelten Problemdimensionen werden durch analytische Anmerkungen seitens des Autors im zweiten Teil dieses Abschnittes ergänzt. Dort wird auch dem sich aus der Untersuchung ergebenden Anspruch Rechnung getragen, die Perspektive der Social Entrepreneure in besonderem Maße zu berücksichtigen. Es lassen sich folgende Problemdimensionen erkennen:

Unklare Konzeption des SIM
Das mannigfaltige Verständnis von SIM und die diesem zu Grunde liegenden verschiedenen Konzepte von SI erschweren es, den Begriff des SIM überhaupt greifbar zu machen. Die Abstraktheit des Begriffs des SIM bedarf daher nicht nur der Konkretisierung durch die tatsächliche Durchführung sozialer Wirkungsmessung, sondern auch einer individuellen Auseinandersetzung mit begrifflichen Grundfragen. Die unklare Konzeption kann in die drei Bestandteile des Begriffs aufgeteilt werden: „Social", „Impact" und „Measurement". In Bezug auf „Social" muss definiert werden, welche Bandbreite von Wirkungen unter dem Begriff „Social" verstanden wird. Dies kann „sozial" im Sinne von ideologisch begründeten Gerechtigkeitsvorstellungen oder „social" im Sinne gesellschaftlicher (d.h. sozialer, ökologischer und ökonomischer) Dimensionen beinhalten. Zweitens ist die Wirkungsdimension, die unter „Impact" verstanden wird, festzulegen. Bezieht sich SIM auf *alle möglichen* Wirkungen unabhängig ihres gesellschaftsrelevanten Ausmaßes oder ihrer zeitlichen Begrenzung, in denen Wirkungen entstehen. Drittens ist zu klären, ob „Measurement" als das Messen mittels spezifischer empirischer Methoden (qualitativ oder quantitativ), als die Anwendung empirischer Methoden oder aber darüber hinaus als der Prozess der reflektierten Auseinandersetzung mit seinen Wirkungen verstanden wird. Die Verwendung des Begriffs des SIM ist daher als Ausgangspunkt für soziale Wirkungsmessung bereits problembehaftet.

Der abstrakte Gegenstand der sozialen Wirkungen
Social Entrepreneure schaffen durch ihre Tätigkeit soziale Wirkungen, die als soziale Wertschöpfungen verstanden werden können. Die abstrakte Dimension des sozialen Wertes, des Social Value, stellt die Social Entrepreneure vor die Problematik diesen sozialen Wert durch Operationalisierung konkret abbildbar zu machen. Der Schritt der Operationalisierung subjektiv empfundener sozialer Werte ist als erster notwendiger Schritt im Prozess der Wirkungsmessung zu verstehen. Die Operationalisierung basiert auf Annahmen über subjektiv empfundene Werte, sodass keine *objektive* Wirkungsmessung zu Stande kommt. Daraus resultierend ist SIM als der Versuch einer Annäherung an die Realität und nicht als Abbild der Realität zu verstehen.

Methodologische Defizite
Einhergehend mit dem abstrakten Gegenstand sind auch methodologische Defizite zentral. Dies beinhaltet die komplexitätsreduzierende Abbildung sozialer Wirkungen, die verschiedenen Restriktionen unterworfen ist. Zentral ist die Herstellung von Kausalität zwischen den eigenen Tätigkeiten und sozialen Wirkungen. Diese wird erschwert durch die Komplexität der Umwelt sowie die Notwendigkeit externe Einflüsse als Deadweight von den entstandenen Wirkungen zu subtrahieren. Die Begründung von Kausalität geschieht, wie auch der Prozess der Operationalisierung, über Annahmen, sodass ermittelte Wirkungen nur als Annäherung an die oder Indikator für die eigenen Wertschöpfungen gesehen werden können. Je weiter von der eigenen Tätigkeit entfernt und je breiter Wirkungen ermittelt werden, desto schwieriger ist die Herleitung von Kausalität. Darüber hinaus ist der Einbezug nicht-intendierter oder negativer Wirkungen zwar erforderlich, bleibt aber meist bewusst oder unbewusst unberücksichtigt. Die methodologischen Defizite sind konzeptuell auf der Wissenschaftsebene verortet; in der Umsetzung finden sie Ausfluss in defizitären Methoden in Kombination mit mangelnder Umsetzungskompetenz.

Ressourcenproblematik

Die Dimension der Ressourcenproblematik beschreibt die in Forschung und der empirischen Erhebung diskutierte Bindung personeller und finanzieller Ressourcen des Social Entrepreneurs durch SIM. Da Ressourcen nur begrenzt vorhanden sind, begrenzen sie SIM durch personelle, zeitliche und finanzielle Budgetrestriktionen. Je höher die Anforderungen an Breite, Tiefe und Wissenschaftlichkeit des SIM sind, desto höher ist der Aufwand. Für die SEO ist SIM nicht Bestandteil des Hauptgeschäfts, im Vordergrund steht das Erreichen der (sozialen) Zielsetzungen – und nicht die Wirkungsmessung. So bedeutet die Verwendung von Mitteln für Wirkungsmessung eine Minderung der Mittel, die sonst zur unmittelbaren Erreichung sozialer Zielsetzungen eingesetzt werden könnten. Dies führt dazu, dass Wirkungsmessung nur in begrenztem Maße umgesetzt wird. Das Finden einer Balance zwischen den nach oben offenen Ansprüchen und den limitierten Möglichkeiten ist für den Social Entrepreneur daher zugleich Problem und Lösung der Ressourcenbegrenztheit.

Mangelnde Umsetzungskompetenz

Die Thematisierung mangelnder Umsetzungskompetenz besitzt in der Diskussion zwei Ebenen. Dies ist zunächst die an dieser Stelle als wertneutrale Feststellung zu verstehende Dimension, dass Social Entrepreneuren im Regelfall das Grundlagen- und Methodenwissen zur Umsetzung von SIM fehlt, wobei die Dimension des limitierten Wissens auch vom individuellen Erfahrungskontext des Social Entrepreneurs abhängt. Zudem unterscheidet sich die eher irrational-bedarfsorientierte Logik des Sozialen von der rationalen Denkweise sozialer Wirkungsorientierung. Diese Dimension wird in der bisherigen Literatur und den Interviews unbestritten thematisiert. Eine zweite Dimension setzt sich wertender aus defizitärem Wissen, problematischer Sorge vor und Hemmung bei der Durchführung zusammen. In der Literatur und von externen Experten werden verschiedene Sorgen oder Vorbehalte der Social Entrepreneure diskutiert, die ein Umsetzungshemmnis entstehen lassen können. Dies sind bspw. die Sorge vor einer *Ökonomisierung des Sozialen* oder die Angst vor Reaktionen auf zielabweichende Wirkungsfeststellungen.

Anforderungen externer Stakeholder
Als letzte in der Untersuchung identifizierte, aber auch in der Literatur diskutierte Dimension ist die der externen Stakeholder zu benennen. Im Sinne einer Problemdimension können die Anforderungen externer Stakeholder zunächst allgemein als potentiell verkomplizierender Faktor verstanden werden. Dies kann deren diverse Anforderungen an Wirkungsmessung oder den Einbezug der Stakeholder in den Prozess der Wirkungsmessung beinhalten. Hervorgehoben werden kann die Rolle der Geldgeber als Stakeholder mit dem Potential mannigfaltige Anforderungen an Social Entrepreneure zu stellen, die deren Ressourcenkapazität übersteigen. Gegenwärtig wird aber trotz einer durch die Social Entrepreneure erlebten Notwendigkeit der Wirkungsreflektion eine intransparente oder nicht wirkungsorientierte Mittelvergabe durch Geldgeber kritisiert.

In einer analytischen Betrachtung der geführten Interviews und der sich mit SIM auseinandersetzenden Literatur können zusätzlich weitere grundlegende Problemfelder erkannt werden. Im Hinblick auf die Rolle des SIM für den Social Entrepreneur sind vier Auseinandersetzungsstränge hervorzuheben.

Erstens ist die Ausgangsfrage, die vom einzelnen Social Entrepreneur gestellt werden sollte, nicht „wie", sondern „ob" Wirkungsmessung durchgeführt werden soll. Das der Fundierung des SIM zu Grunde liegende Paradigma lautet, dass der Sinn von Wirkungsmessung nicht reflektiert begründet, sondern als gegeben angenommen wird: Ist es Funktion des Wirkungsausweises, die Existenzlegitimation des SE herzustellen? Ist es Funktion des SIM Wirkungsoptimierung zu erzielen? Ist es Funktion des SIM internen oder externen Zwecken zu dienen? Die in dieser Arbeit identifizierten Problemdimensionen basieren daher auf der inhärenten Annahme, dass SIM selbst – wie auch immer geartet – positive Wirkungen erzielt. Diese Annahmen könnten in der Erwartung begründet sein, dass die Social Entrepreneure durch SIM Sicherheit über die Effizienz des eigenen Wirkens und einen optimalen Ressourceneinsatz erwarten. Somit ist vor Beginn einer Wirkungsmessung zunächst die Fragen zu klären, was mit SIM erreicht werden soll.

Zweitens ist ein Mangel an systematischer Auseinandersetzung der Wissenschaft mit einem praxisorientierten Umgang sozialer Wirkungsmessung festzustellen. In der Umsetzungsrealität des SIM im SE sind die anzusetzenden Maßstäbe an Wirkungsmessung nicht wissenschaftliche Kriterien oder ein ganzheitlicher, allumfassender Ausweis relevanter Wirkungsdimensionen. Zentral ist die *pragmatische* Umsetzung des SIM in Kenntnis unzureichenden Wissens und beschränkter Ressourcen. Es ist zu bemerken, dass die Verwendung des Wortes *pragmatisch* im Kontext der Wirkungsmessung oft eine negative Abweichung vom Ideal impliziert: Indem SIM aus der Sicht mancher Social Entrepreneure als idealtypisches Modell erscheint, kann das Paradoxon entstehen, dass der Einsatz von Ressourcen für *pragmatisches* SIM nicht als zielführendes, integriertes Moment einer effizienten SEO erlebt wird, sondern als Verlust an Möglichkeiten, erfolgreich tätig zu sein. Die mangelnde Orientierung des SIM an der Haltung der Social Entrepreneure kann so die Implementierung in das SE erschweren.

Drittens sind die Verwendung und die Verfestigung einer mannigfaltig verstandenen Fachterminologie zukunftsbezogen als eine zentrale Problemdimension zu identifizieren, da divergierende Sprachverständnisse einen diskursiven Emanzipationsprozess der Wirkungsmessung maßgeblich erschweren. Dieses Problemfeld existiert sowohl innerhalb der Akteursgruppen (Wissenschaft, Social Entrepreneure und andere Praktiker) als auch zwischen diesen.

Viertens ist darauf zu verweisen, dass sich der Diskurs über soziale Wirkungsmessung im SE abgelöst von den Wirkungs- und Evaluationsdiskussionen in anderen Disziplinen bewegt. Auch wenn das Phänomen des SE eigene Logiken aufweist, beschränkt diese Abgrenzung die Möglichkeit, aus den teilweise Jahrzehnte währenden Wissenschafts- und

Praxiserfahrungen Vorteile im Sinne einer Optimierung des SIM zu ziehen.

5.2 Potentiale zur Überwindung der Hürden und Probleme

Auch wenn diese Studie als Forschungszielsetzung die Entwicklung der zentralen Problemdimensionen hat, versteht sie sich auch als Ausgangspunkt für Verbesserungen im Umgang mit SIM im Sinne der Entwicklung besserer Konzeptionen und Methoden. Die Hervorhebung der Rolle der Social Entrepreneure in dieser Publikation ist in diesem Kontext mit der Zielsetzung eines undogmatischeren und selbstkritischeren Umgangs mit den theoretischen Dimensionen des SIM verbunden, um die SIM-Autonomie der Social Entrepreneure zu erhöhen. Dies baut auf der Annahme auf, dass SIM in seiner bisherigen Konzeption inhärente Grundlogiken beinhaltet, die nicht der Logik der Social Entrepreneure folgen. Um SIM in der Praxis zu etablieren, muss es zu einer Entideologisierung des SIM kommen, sodass Logiken, die nicht in einem gemeinsamen prozesshaften Diskurs aller Stakeholder des SIM (Social Entrepreneure, Experten, externe Stakeholder (z.b. Geldgeber und Leistungsempfänger), SE-Organisationen, usw.) entwickelt worden sind, sondern externen Denkschulen entstammen, eliminiert werden. SIM sollte in diesem konstruktivistischen Prozess so definiert werden, dass die Realität der Social Entrepreneure eingebunden ist und sich nicht am inhärent konstruierten, definitorischen Anspruch des SE, Wirkungsoptimierung anzustreben, orientieren. Der zentrale Hebel, um SIM in der Praxis des SE nachhaltig zu implementieren, ist daher die Entwicklung eines gemeinsamen Grundverständnisses über SIM. Letztlich muss diese Diskussion aber nicht über das SIM als spezifisches Konzept, sondern allgemein über den Gegenstand der sozialen Wirkungen bzw. sozialen Wertschöpfung geführt werden.

Existierende Anwendungsmethoden bewegen sich bislang in ihren Umsetzungsanforderungen nicht entlang der begrenzten Möglichkeiten der Social Entrepreneure, sodass die Methoden meist nur in deutlich eingeschränktem Maße eingesetzt werden. Darauf aufbauend kann die Entwicklung implementierbarer und kontinuierlich anwendbarer Methoden angestrebt werden, welche die Realität der Ressourcenbeschränktheit und methodologischen Beschränkungen bei den Durchführenden konzeptionell berücksichtigen. Überzeugende Gemeinsamkeiten schon existierender Methoden können für diese Entwicklung genutzt werden, solange sich diese an den Umsetzungsrestriktionen der Realität der Social Entrepreneure orientieren. Die neu zu entwickelnden Methoden sollten auch die Verschiedenartigkeit von SEOs sowie deren unterschiedliche Entwicklungsniveaus berücksichtigen. Letztlich sind daher modulare Baukastensysteme zur Wirkungsmessung anzustreben, in denen eine Auswahl „passender" Tools, Erhebungs- oder Darstellungsverfahren, einen für die SEO zweckmäßigen individualisierten und doch teilstandardisierten Ansatz ermöglicht.

Ein weiteres Potential bestehende Hürden zu durchbrechen ist, das Konzept der Wirkungsmessung stärker an die Entwicklung einer *nutzenfokussierten Wirkungsorientierung* der Social Entrepreneure zu koppeln. Wirkungsorientierung sollte demnach nicht der konzeptuellen Logik einer für das SE-Phänomen angenommenen Wirkungsmaximierung folgen, sondern kompatibel mit den Vorstellungen des Social Entrepreneurs sein und berücksichtigen, ob und inwieweit er eine Wirkungsorientierung im Sinne einer Wirkungsoptimierung durch Wirkungsüberprüfung überhaupt erreichen will bzw. durchführbar ist. Wirkungsorientierung und Wirkungsmessung folgen in dieser Logik der individuellen fachspezifischen Haltung des Social Entrepreneurs, ob in Wirkungsmessung und Wirkungssteigerung ein Nutzen gesehen wird.

6 Fazit

Die in dieser Arbeit empirisch herausgearbeiteten Problemdimensionen konnten die in der Forschung latent geäußerten Defizite in sozialer Wirkungsmessung bestätigen. Dies ist insofern bemerkenswert, da keine Vorstrukturierung der qualitativen Interviews durch eine Orientierung an den in der Literatur identifizierten Problemdimensionen, stattgefunden hat. Das Resultat dieser Arbeit ist die empirisch begründete Entwicklung vorhandener Problemfelder sozialer Wirkungsmessung im SE. Die zentralen Dimensionen sind die unklare Konzeption sozialer Wirkungsmessung im Allgemeinen und des SIM im Besonderen, der abstrakte Gegenstand sozialer Wirkungsmessung, methodologische Defizite, Ressourcenbeschränktheit, fehlende Umsetzungskompetenzen sowie verschiedenartige Anforderungen externer Stakeholder. Im Hinblick auf die umsetzungsorientierte, vom Social Entrepreneur ausgehende Betrachtung wird konstatiert, dass die Perspektive der zentralen Akteure, der Social Entrepreneure, eine maßgebliche Rolle in der Ausformung des konzeptionellen Verständnisses von SIM spielen sollte.

Wenn in dieser Arbeit vom Problembegriff gesprochen wird, dann wird dies mit dem Feststellen von Problemen verbunden, die es zu lösen oder zu optimieren gilt. Der Autor betont jedoch, dass die Bewertung dessen, was Problem, was Hürde und welche Ziele Utopie im SIM sind, die Aufgabe der praxisbezogenen Stakeholder und nicht die einer *praxisfernen* Wissenschaft sein kann. Die zentralen Akteure sind die Social Entrepreneure.

Die Social Entrepreneure stellen im Hinblick auf Wirkungsmessung jedoch keine homogene Gruppe dar. Es können zwei Ausgangspunkte für den Umgang ausgemacht werden. Für manche Social Entrepreneure,

die als sozial Engagierte aufgrund ihrer innovativen Ideen und deren
Umsetzung durch externe Instanzen als *Social Entrepreneur* klassifiziert
werden, hat Wirkungsmessung keine unternehmerisch wirkungsopti-
mierende Komponente. Für diese Social Entrepreneure ist Wirkungsmessung vorrangig ein von außen herangetragenes Konzept. Für andere
Social Entrepreneure, die entweder per se als Sozial*unternehmer* agieren
oder sich im Rahmen ihrer Tätigkeit oder Klassifizierung vom sozial En-
gagierten zum *Entrepreneur* (weiter)entwickelt haben, ist Wirkungsmessung hingegen ein der Logik des Social Entrepreneurship entsprechendes
Konzept als Instrument zur Wirkungsoptimierung. Der Diskurs über
Wirkungserhebung muss daher differenzierter mit dem Phänomen des
SE umgehen. Wie auch Steyaert und Dey (2010, S. 237f.) feststellen, sollte
sich die Konzeptentwicklung des Phänomens SE nicht schwerpunktmäßig an wirkungsmaximierenden – gar ökonomisierenden – Logiken orientieren, sondern sich an einer reflexiven, werteorientierten (und nicht
unbedingt optimierenden) Zielsetzung ausrichten. Aus dieser kann fall-
spezifisch der Sinn von Wirkungsmessung abgeleitet werden.

Auf diese Weise können somit die Akteure und deren Arbeit im sozialen Gefüge vor Ort vor überhöhten Anforderungen externer Experten
oder Geldgeber geschützt werden. Gleichzeitig eröffnet sich die Möglichkeit, bei Kenntnis der Problemfelder der sozialen Wirkungsmessung
durch Zusammenarbeit aller Beteiligten für die einzelnen spezifischen
Bereiche ein Erhebungsmodell mit Anpassung an das zu untersuchende
Wirkungsfeld, den Social Entrepreneur, den gewünschten Ressourceneinsatz für die Wirkungsmessung und die allgemeine Zielsetzung zu
entwickeln. Hier sind die Wissenschaftler als Methodiker gefragt.

Forschungsbezogen hat diese Arbeit gezeigt, dass beim derzeitigen
Stand der Forschung in Bezug auf SE die Anwendung qualitativer Forschung sinnvoll erscheint. Vor allem mittels explorativ-induktiver Ausrichtung kann ein offenes Vorgehen generiert werden, um erste Logiken
innerhalb des Phänomens des SE zu entwickeln und die vorparadigma-
tische Forschung zu emanzipieren.

Literaturverzeichnis

Achleitner, A.-K., Bassen, A. & Roder, B. (2009a). *An integrative framework for reporting in Social Entrepreneurship* (Working Paper). Verfügbar unter: http://papers.ssrn.com/sol3/Delivery.cfm/SSRN_ID1335233_code879500.pdf?abstr actid=1325700&mirid=1 [15. Februar 2011]

Achleitner, A.-K., Bassen, A., Roder, B. & Spiess-Knafl, W. (2009b). *Reporting im Social Entrepreneurship* (Working Paper). Verfügbar unter: http://papers.ssrn.com/sol3/papers.cfm?abstract_id=1493266 [15. März 2012]

Andersson, F. O. (2011). Social Entrepreneurship as Fetish. *The Nonprofit Quarterly, 18* (2). Verfügbar unter: http://www.nonprofitquarterly.org/management/20140-social-entrepreneurship-as-fetish.html [06. April 2012]

Arbeitskreis „Evaluation von Entwicklungspolitik" in der DeGEval-Gesellschaft für Evaluation e.V. (2009). *Verfahren der Wirkungsanalyse. Eine Landkarte für die entwicklungspolitische Praxis*. Mainz: DeGEval - Gesellschaft für Evaluation e.V.

Arvidson, M., Lyon, F., McKay, S. & Moro, D. (2010). *The ambitions and challenges of SROI* (Third Sector Research Centre Working Paper 49). Birmingham: Third Sector Research Centre.

Ashoka. (2011). *Wissen was wirkt. Wirkungsanalysen 2011 der Ashoka Fellows*. Frankfurt am Main: Ashoka.

Ashoka, Auridis, Bon Venture Management, Phineo, Schwab Foundation, spenden.de et al. (2011). *Leitfaden zur wirkungsorientierten Berichterstattung*. Verfügbar unter: http://srs.aufbauserver.de/wpcontent/uploads/2012/01/120109_SRS_Leitfaden.p df [15. April 2012]

Austin, J. E., Stevenson, H. & Wei-Skillern, J. (2006). Social and Commercial Entrepreneurship: Same, Different, or Both? *Entrepreneurship Theory & Practice, 30* (1), 1-22.

Beckmann, M. (2007). *Corporate Social Responsibility und Corporate Citizenship – Eine empirische Bestandsaufnahme der aktuellen Diskussion über die gesellschaftliche Verantwortung von Unternehmen* (Wirtschaftsethik-Studie Nr. 2007-1). Halle: Lehrstuhl für Wirtschaftsethik, Martin-Luther-Universität Halle-Wittenberg.

Bell-Rose, S. (2004). Using Performance Metrics to Assess Impact. In S. M. Oster, C. W. Massarsky & S. L. Beinhacker (eds.), *Generating and Sustaining Nonprofit Earned Income. A Guide to Successful Enterprise Strategies* (pp. 269-280). San Francisco: Jossey-Bass.

Benjamin, L. M. (2008). Account Space: How Accountability Requirements Shape Nonprofit Practice. *Nonprofit and Voluntary Sector Quarterly, 37* (2), 201-223.

Beywl, W. (2001). Konfliktfähigkeit der Evaluation und die „Standards für Evaluation". *Sozialwissenschaften und Berufspraxis, 24* (2), 151-164.

Bloom, P. N. & Chatterji, A. (2009). Scaling Social Entrepreneurial Impact. *California Management Review, 51* (3), 114-133.

Bloom, P. N. & Skloot, E. (eds.) (2011). *Scaling Social Impact: New Thinking*. Houndmills, Basingstoke, Hampshire: Palgrave Macmillan.

Bogner, A. & Menz, W. (2009). Das theoriegenerierende Experteninterview: Erkenntnisinteresse, Wissensformen, Interaktion. In A. Bogner, B. Littig & W. Menz (Hrsg.), *Experteninterviews. Theorie, Methoden, Anwendungsfelder* (3. überarb. Aufl.) (S. 61-98). Wiesbaden: VS Verlag für Sozialwissenschaften.

Bohnsack, R. (1991). *Rekonstruktive Sozialforschung. Einführung in die Methologie und Praxis qualitativer Forschung*. Opladen: Leske und Budrich.

Borrmann, A. & Stockmann, R. (2009). *Evaluation in der deutschen Entwicklungszusammenarbeit* (Band 1). Münster: Waxmann.

Cameron, H. & Nicolaisen, J. (2009). Wer bestimmt, wann Social Entrepreneurs erfolgreich sind? In M. Henkel, J. Gebauer, J. Lodemann, F. Mohaupt, E. Partzsch, L. Wascher & R. Ziegler (Hrsg.), *Social Entrepreneurship – Status Quo 2009 (Selbst)Bild, Wirkung und Zukunftsverantwortung: Tagungsband, 2009* (S. 111-126). Greifswald: Geozon Science Media.

Campbell, D. (2002). Outcomes Assessment and the Paradox of Nonprofit Accountability. *Nonprofit Management & Leadership, 12* (3), 243-259.

Chatterji, A., & Levine, D. (2006). Breaking Down the Wall of Codes: EVALUATING NON-FINANCIAL PERFORMANCE MEASUREMENT. *California Management Review, 48* (2), 29-51.

Chell, E. (2007). Social Enterprise and Entrepreneurship. Towards a Convergent Theory of the Entrepreneurial Process. *International Small Business Journal, 25* (1), 5-26.

Clark, C., Rosenzweig, W., Long, D. & Olsen, S. (2004). *Double Bottom Line Project Report: Assessing social impact in double bottom line ventures – Methods Catalog* (Working Paper Series). Berkeley: Center for Responsible Business, UC Berkeley.

Clarkson, M. B. (1995). A Stakeholder Framework for Analyzing and Evaluating Corporate Social Performance. *Academy of Management Review, 20* (2), 92-117.

Connell, J. P. & Kubisch, A. C. (1998). Applying a Theory of Change Approach to the Evaluation of Comprehensive Community Initiatives: Progress, Prospects, and Problems. In K. Fulbright-Anderson, A. C. Kubisch and J. P. Connell (eds.), *New Approaches to Evaluating Community Initiatives Volume 2: Theory, Measurement and Analysis*. Washington, D.C.: The Aspen Institute. Verfügbar unter: http://communities.usaidallnet.gov/fa/system/files/Applying+Theory+of+Chang e+Approach.pdf [20. März 2012]

Connolly, C. & Kelly, M. (2011). Understanding accountability in social enterprise organisations: a framework. *Social Enterprise Journal, 7* (3), 224-237.

Cunningham, K. & Ricks, M. (2004). Why Measure. Nonprofits use metrics to show that they are efficient. But what if donors don't care? *Stanford Social Innovation Review, 2* (1), 44-51.

Dees, J. G. (2001). *The Meaning of "Social Entrepreneurship"* (Working Paper). Verfügbar unter: http://www.caseatduke.org/documents/dees_sedef.pdf [27. Februar 2011]

Dees, J. G. & Anderson, B. B. (2006). Framing a Theory of Social Entrepreneurship: Building on Two Schools of Practice and Thought. In R. M. Williams (ed.), *Research on Social Entrepreneurship: Understanding and Contributing to an Emerging Field* (ARNOVA Occasional Paper Series, Volume 1, Number 3) (pp. 39-66). Indianapolis: ARNOVA.

Ebrahim, A. (2010). The Many Faces of Nonprofit Accountability. In D. O. Renz (ed.), *The Jossey-Bass Handbook of Nonprofit Leadership and Management* (pp. 101-124). San Francisco: Jossey-Bass.

Ebrahim, A. & Rangan, V. K. (2010). *The Limits of Nonprofit Impact: A Contingency Framework for Measuring Social Performance* (Working Paper No. 10-099). Cambridge: Harvard Business School.

Eckhart-Queenan, J. & Forti, M. (2011): *Measurement as Learning: What Nonprofit CEOs, Board Members, and Philanthropists Need to Know to Keep Improving*. Boston: The Bridgespan Group. Verfügbar unter:

http://www.bridgespan.org/WorkArea/linkit.aspx?LinkIdentifier=id&ItemID=222 96 [20. April 2012]

Emerson, J., Wachowicz, J. & Chun, S. (2000). Social Return on Investment: Exploring Aspects of Value Creation in the Nonprofit Sector. In The Robert Enterprise Development Fund (ed.), *REDF Box Set - Social Purpose Enterprises and Venture Philanthropy in the New Millennium (Volume 2)* (pp. 131-173). San Francisco: The Robert Enterprise Development Fund. Verfügbar unter: http://www.redf.org/learn-from-redf/publications/118 [20. März 2012]

Emerson, J. (2006). Moving Ahead Together: Implications of a Blended Value Framework for the Future of Social Entrepreneurship. In A. Nicholls (ed.), *Social Entrepreneurship. New Models of Sustainable Social Change* (pp. 391-406). Oxford: Oxford University Press.

Emminghaus, C., Staats, M. & Gess, C. (Hrsg). (2012). *Lokale Infrastruktur für alle Generationen – Ergebnisse aus dem Aktionsprogramm Mehrgenerationenhäuser*. Bielefeld: W. Bertelsmann Verlag.

Englert, A. (2006). Wirkungsmessung zwischen Anspruch und Wirklichkeit – Alltägliche Herausforderungen bei der Durchführung von Evaluierungen. *Entwicklungsethnologie, 15* (1/2), 1-10.

Etlin, A. & Etlin, J. M. (1992). Grundlagen für den Aufbau eines Kennzahlensystems in der Nonprofit-Organisation. *Verbands-Management, 17* (2), 31-34.

Flick, U. (1995). Stationen des qualitativen Forschungsprozesses. In U. Flick, E. v. Kardorff, H. Keupp, L. v. Rosenstiel & S. Wolff (Hrsg.), *Handbuch Qualitative Sozialforschung – Grundlagen, Konzepte, Methoden und Anwendungen* (S. 147-173). Weinheim: Psychologie Verlags Union.

Flick, U. (2004). *Qualitative Sozialforschung. Eine Einführung* (2. Aufl.). Reinbek: Rowohlt Taschenbuch Verlag.

Fojcik, T. M. (2007). *Erfolgsnachweis von Non-Financials bei Social Entrepreneurs – Möglichkeiten und Grenzen*. Nicht publizierte Diplomarbeit, Universität Hamburg.

Gläser, J. & Laudel, G. (2010). *Experteninterviews und qualitative Inhaltsanalyse*. Wiesbaden: VS Verlag für Sozialwissenschaften.

Gras, D., Mosakowski, E. & Lumpkin, G. T. (2011). Gaining Insights from Future Research Topics in Social Entrepreneurship: A Content-Analytic Approach. In G. T. Lumpkin, J. A. Katz (eds.), *Social and Sustainable Entrepreneurship* (Advances in Entrepreneurship, Form Emergence and Growth, Volume 13) (pp. 25-50). Bingley: Emerald Group Publishing Limited.

Gray, R., Dey, C., Owen, D., Evans, R. & Zadek, S. (1997). Struggling with the praxis of social accounting: Stakeholders, accountability, audits and procedures. *Accounting, Auditing & Accountability Journal, 10* (3), 325-364.

Greiling, D. (2009). *Performance Measurement in Nonprofit-Organisationen*. Wiesbaden: Gabler Edition Wissenschaft.

Hackenberg, H. & Empter, S. (Hrsg.). (2011). *Social Entrepreneurship – Social Business: Für die Gesellschaft unternehmen*. Wiesbaden: VS Verlag für Sozialwissenschaften.

Hall, M. H., Phillips, S. D., Meillat, C. W. & Pickering, D. (2003). *Assessing Performance: Evaluation Practices & Perspectives in Canada's Voluntary Sector*. Toronto / Ottawa: Canadian Centre for Philanthrophy & Centre for Voluntary Sector Research and Development.

Haugh, H. (2005). A research agenda for social entrepreneurship. *Social Enterprise Journal, 1* (1), 1-12.

Haugh, H. (2012). The importance of theory in social enterprise research. *Social Enterprise Journal, 8* (1). [Über EarlyCite vor offizieller Publikation abgerufen.]

Helfferich, C. (2005). *Die Qualität qualitativer Daten: Manual für die Durchführung qualitativer Interviews* (2. Aufl.). Wiesbaden: VS Verlag für Sozialwissenschaften.

Hoffmann-Riem, C. (1980). Die Sozialforschung einer interpretativen Soziologie: Der Datengewinn. *Kölner Zeitschrift für Soziologie und Sozialpsychologie, 32* (2), 337-372.

84

Hopf, C. (1978). Die Pseudo-Exploration – Überlegungen zur Technik qualitativer Interviews in der Sozialforschung. *Zeitschrift für Soziologie, 7* (2), 97-115.

Hill, T. L., Kothari, T. H., & Shea, M. (2010). Patterns of Meaning in the Social Entrepreneurship Literature: A Research Platform. *Journal of Social Entrepreneurship, 1* (1), 5-31.

Igalens, J. & Gond, J.-P. (2005). Measuring Corporate Social Performance in France: A Critical and Empirical Analysis of ARESE data. *Journal of Business Ethics, 56* (2), 131-148.

Jäger, U. P. (2010). *Managing Social Businesses: Mission, Governance, Strategy and Accountability*. Houndmills, Basingstoke, Hampshire: Palgrave Macmillan.

Jähnke, P., Christmann, G. B. & Balgar, K. (Hrsg.) (2011). *Social Entrepreneurship – Perspektiven für die Raumentwicklung*. Wiesbaden: VS Verlag für Sozialwissenschaften.

Kramer, M. R. (2005). *Measuring Innovation: Evaluation in the Field of Social Entrepreneurship*. Palo Alto: The Skoll Foundation.

Kromrey, H. (2001). Evaluation – ein vielschichtiges Konzept. *Sozialwissenschaften und Berufspraxis, 24* (2), 105-131.

Kuhn, T. (1962). *The Structure of Scientific Revolution*. Chicago: University of Chicago Press.

Leppert, T. (2008). Social Entrepreneurs in Deutschland – Ansätze und Besonderheiten einer spezifischen Definition. In G. Braun & M. French (Hrsg.), *Social Entrepreneurship – Unternehmerische Ideen für eine bessere Gesellschaft* (S. 47-94). Rostock: HIE-RO.

Liebold, R. & Trinczek, R. (2009). Experteninterview. In S. Kühl, P. Strodtholz & A. Taffertshofer (Hrsg.), *Handbuch Methoden der Organisationsforschung – Quantitative und Qualitative Methoden* (S. 32-56). Wiesbaden: VS Verlag für Sozialwissenschaften.

Light, P. C. (2006). reshaping social entrepreneurship. *Stanford Social Innovation Review, 4* (3), 46-51.

Light, P. C. (2008). *The SEARCH for SOCIAL ENTREPRENEURSHIP*. Washington, D.C.: Brookings Institution Press.

Mair, J. & Martí, I. (2006). Social Entrepreneurship research: A source of explanation, prediction, and delight. *Journal of World Business, 41* (1), 36-44.

Martin, R. G. & Osberg, S. (2007). Social Entrepreneurship: The case for definition. *Stanford Social Innovation Review, 5* (2), 28-39.

May, M. (2011). Wirkung und Qualität in den verschiedenen Ansätzen quantitativer und qualitativer Evaluationsforschung. In N. Eppler, I. Miethe & A. Schneider (Hrsg.), *Qualitative und quantitative Wirkungsforschung – Ansätze, Beispiele, Perspektiven* (S. 33-52). Opladen: Barbara Budrich.

Menold, N. (2007). Methodische und methodologische Aspekte der Wirkungsmessung. In P. Sommerfeld & M. Hüttemann (Hrsg.), *Evidenzbasierte Soziale Arbeit - Nutzung von Forschung in der Praxis* (S. 26-39). Baltmannsweiler: Schneider Verlag Hohengehren.

Merchel, J. (2010). *Evaluation in der Sozialen Arbeit*. Stuttgart: UTB.

Merkens, H. (1997). Stichproben bei qualitativen Studien. In B. Friebertshäuser, A. Langer & A. Prengl (Hrsg.), *Handbuch Qualitative Forschungsmethoden in der Erziehungswissenschaft* (S. 97-106). Weinheim: Juventa.

Meuser, M. & Nagel, U. (1997). Das Experteninterview – Wissenssoziologische Voraussetzungen und methodische Durchführung. In B. Friebertshäuser, A. Langer & A. Prengl (Hrsg.), *Handbuch Qualitative Forschungsmethoden in der Erziehungswissenschaft* (S. 481-491). Weinheim: Juventa.

Meuser, M. & Nagel, U. (2009). Das Experteninterview – konzeptionelle Grundlagen und methodische Anlage. In S. Pickel, G. Pickel, H.-J. Lauth & D. Jahn (Hrsg.), *Methoden der vergleichenden Politik- und Sozialwissenschaft – Neue Entwicklungen und Anwendungen* (S. 465-479). Wiesbaden: VS Verlag für Sozialwissenschaften.

Meuser, M. & Nagel, U. (2010). Experteninterviews – wissenssoziologische Voraussetzungen und methodische Durchführung. In B. Friebertshäuser, A. Langer & A. Prengl (Hrsg.), *Handbuch Qualitative Forschungsmethoden in der Erziehungswissenschaft* (3. überarb. Aufl.) (S. 457-471). Weinheim: Juventa.

Mildenberger, G., Münscher, R. & Schmitz, B. (2012). Dimensionen der Bewertung gemeinnütziger Organisationen und Aktivitäten. In: H. K. Anheier, A. Schröer & V. Then (Hrsg.), *Soziale Investitionen* (S. 279-312). Wiesbaden: VS Verlag für Sozialwissenschaften.

new economic foundation (2009a). *tools for you: approaches to proving and improving charities, voluntary organisations and social enterprise* (2nd ed.). London: new economic foundation. Verfügbar unter: http://www.neweconomics.org/sites/neweconomics.org/files/Tools_for_You_1.p df [17. März 2012]

new economic foundation (2009b). *Tool decider: choosing the right tool for your organisation* (2nd ed.). London: new economic foundation. Verfügbar unter: http://proveandimprove.org/tools/documents/Tool_decider_chart.pdf [17. März 2012]

Newbert, S. L. & Hill, R. P. (2010). Whose Change are We Talking About? When Multiple Parties and Multiple Agendas Collide. In P. N. Bloom & E. Skloot (eds.), *Scaling Social Impact: New Thinking* (pp. 127-146). Houndmills, Basingstoke, Hampshire: Palgrave Macmillan.

Nicholls, A. (2005). *Measuring Impact in Social Entrepreneurship: New Accountabilities to Stakeholders and Investors?* (Working Paper, ESRC Research Seminar). Verfügbar unter: http://www.universitynetwork.org/node/196 [23. Februar 2012]

Nicholls, A. (2006). Introduction. In A. Nicholls (ed.), *Social Entrepreneurship. New Models of Sustainable Social Change* (pp. 1-35). Oxford: Oxford University Press.

Nicholls, A. (2009). 'We do good things, don't we?': 'Blended Value Accounting' in social entrepreneurship. *Accounting, Organizations and Society, 34* (6-7), 755-769.

Nicholls, A. (2010a). The Legitimacy of Social Entrepreneurship: Reflexive Isomorphism in a Pre-Paradigmatic Field. *Entrepreneurship: Theory & Practice, 34* (4), 611-633.

Nicholls, A. (2010b). The Function of Performance Measurement in Social Entrepreneurship: Control, Planning and Accountability. In K. Hockerts, J. Mair & J. Robinson (eds.), *Values and Opportunities in Social Entrepreneurship* (pp. 241-272). Houndmills, Basingstoke, Hampshire: Palgrave Macmillan.

Ormiston, J. & Seymour, R. (2011). Understanding Value Creation in Social Entrepreneurship: The Importance of Aligning Mission, Strategy and Impact Measurement. *Journal of Social Entrepreneurship, 2* (2), 125-150.

Palmer, P. & Vinten, G. (1998). Accounting, auditing and regulating charities - towards a theoretical underpinning. *Managerial Auditing Journal, 13* (6), 346-355.

Paton, R. (2003). *Managing and Measuring Social Enterprises.* London: SAGE.

Peattie, K. & Morley, A. (2008). Eight paradoxes of the social enterprise research agenda. *Social Enterprise Journal, 4* (2), 91-107.

Pechmann, C. & Andrews, J. C. (2010). Methodological Issues and Challenges in Conducting Social Impact Evaluation. In P. N. Bloom & E. Skloot (eds.), *Scaling Social Impact: New Thinking* (pp. 219-234). Houndmills, Basingstoke, Hampshire: Palgrave Macmillan.

Pfadenhauer, M. (2007). Das Experteninterview – Ein Gespräch auf gleicher Augenhöhe. In R. Buber & H. H. Holzmüller (Hrsg.), *Qualitative Marktforschung. Konzepte – Methoden – Analysen* (S. 450-461). Wiesbaden: Gabler.

Repp, L. (2011). Social Value Measurement – Was bringt *apeiros*?. In J. Metelmann & S. Schwall (Hrsg.), *Bildungsbürgerrecht. Erziehung als soziales Unternehmen* (S. 57-78). Münster: Waxmann.

Roder, B. (2011). *Reporting im Social Entrepreneurship – Konzeption einer externen Unternehmensberichterstattung für soziale Unternehmer.* Wiesbaden: Gabler.

Rummel, M. (2011). *Wer sind Social Entrepreneurs in Deutschland? Soziologischer Versuch einer Profilschärfung.* Wiesbaden: VS Verlag für Sozialwissenschaften.

Salazar, J., Husted, B. W., Biehl, M. (2012). Thoughts on the Evaluation of Corporate Social Performance Through Projects. *Journal of Business Ethics, 105* (2), 175-186.

Santos, F. M. (2009). *A Positive Theory of Social Entrepreneurship* (INSEAD Working Paper Series No. 2009/23/EFE/ISIC). Fontainebleau: INSEAD.

Sawhill, J. C. & Williamson, D. (2001a). Mission Impossible? Measuring Success in Non-profit Organizations. *Nonprofit Management & Leadership, 11* (3), 371-386.

Sawhill, J. C. & Williamson, D. (2001b). Measuring what matters in nonprofits. *The McKinsey Quarterly, 31* (2), 98-107.

Schedler, K. & Proeller, I. (2006). *New Public Management* (3. Aufl.). Bern: Haupt.

Scheele, B. & Groeben, N. (1988). *Dialog-Konsens-Methoden zur Rekonstruktion Subjektiver Theorien: Die Heidelberger Struktur-Lege-Technik (SLT), konsensuale Ziel-Mittel-Argumentation und kommunikative Flußdiagramm-Beschreibung von Handlungen.* Tübingen: A. Francke.

Schew, G., Nienaber, A.-N., Tietmeyer, J. & Jung, D.V. (2010). *Evaluation der Leistungen – eine große Herausforderung für soziale Einrichtungen. Entwicklung eines Evaluationsleitfadens durch die Integration sozialwissenschaftlicher und betriebswirtschaftlicher Erkenntnisse* (Arbeitspapiere des Lehrstuhls für Betriebswirtschaftslehre, insb. Organisation, Personal und Innovation, Nr. 70). Münster: Lehrstuhl für Organisation, Personal & Innovation, Westfälische Wilhelms-Universität Münster.

Schumpeter, J. A. (1934). *The Theory of Economic Development: An Inquiry Into Profits, Capital, Credit, Interest, and the Business Cycle.* Cambridge: Harvard University Press.

Short, J. C., Moss, T. W. & Lumpkin, G. T. (2009). Research in social entrepreneurship: past contributions and future opportunities. *Strategic Entrepreneurship Journal, 3* (2), 161-194.

Steyaert, C. & Dey, P. (2010). Nine Verbs to Keep the Social Entrepreneurship Research Agenda 'Dangerous'. *Journal of Social Entrepreneurship, 1* (2), 231-254.

Stockmann, R. (Hrsg.). (2004). *Evaluationsforschung.* Opladen: Leske & Budrich.

Stockmann, R. (2006). *Evaluation und Qualitätsentwicklung: Eine Grundlage für wirkungsorientiertes Qualitätsmanagement.* Münster: Waxmann.

Strauch, M., Schröer, A. & Schmitz, B. (2012). Social Entrepreneurship - Forschungsperspektiven. In: H. K. Anheier, A. Schröer & V. Then (Hrsg.), *Soziale Investitionen* (S. 205-224). Wiesbaden: VS Verlag für Sozialwissenschaften.

The Robert Enterprise Development Fund. (2001). *SROI Methodology. Analyzing the Value of Social Purpose Enterprise Within a Social Return on Investment Framework.* San Francisco: The Robert Enterprise Development Fund. Verfügbar unter: http://www.redf.org/learn-from-redf/publications/119 [20. März 2012]

The Rockefeller Foundation & The Goldman Sachs Foundation. (2003). *Social Impact Assessment – A Discussion Among Grantmakers.* New York: Rockefeller Foundation.

The SROI Network. (2011). *The seven principles of SROI.* Liverpool: The SROI Network. Verfügbar unter: http://www.thesroinetwork.org/publications/doc_download-/140-the-seven-princinciples-of-sroi [27. März 2012]

Tuan, M. T. (2008). *Measuring and/or Estimating Social Value Creation: Insights Into Eight Integrated Cost Approaches.* Seattle: Bill & Melinda Gates Foundation. Verfügbar unter: http://www.gatesfoundation.org/learning/Documents/WWL-report-measuring-estimating-social-value-creation.pdf [20. März 2012]

van Schooten, M., Vanclay, F. & Slootweg, R. (2003). Conceptualizing social change processes and social impacts. In H. A. Becker & F. Vanclay (eds.), *The International Handbook of Social Impact Assessment* (pp. 56-91). Cheltenham: Edward Elgar.

Vollmann, M. (2008). *Social Entrepreneurship in Deutschland: Gründungsbezogene Rahmenbedingungen der deutschen Sozialwirtschaft und ihre Auswirkungen auf die Gründungsaktivität von Social Entrepreneurs.* Diplomarbeit, Universität Passau. Verfügbar unter: http://papers.ssrn.com/sol3/papers.cfm?abstract_id=1162734 [15. Februar 2012]

Weiss, C. H. (1995). Nothing as Practical as Good Theory: Exploring Theory-Based Evaluation for Comprehensive Community Initiatives for Children and Families. In J. P. Connell, A. C. Kubisch, L. B. Schorr & C. H. Weiss (eds.), *NEW APPROACHES TO EVALUATION COMMUNITY INITIATIVES: Concepts, Methods, and Contexts* (pp. 65-92). Washington, D.C.: The Aspen Institute.

Weiss, C. H. (1997). Theory-Based Evaluation: Past, Present, and Future. *New Directions For Evaluation, 76*, 41-55.

Wottawa, H. & Thierau, H. (2003). *Lehrbuch Evaluation* (3. Aufl.). Bern: Hans Huber.

Young, R. (2006). For What It is Worth: Social Value and the Future of Social Entrepreneurship. In A. Nicholls (ed.), *Social Entrepreneurship. New Models of Sustainable Social Change* (pp. 56-73). Oxford: Oxford University Press.

Zadek, S. (1998). Balance Performance, Ethics, and Accountability. *Journal of Business Ethics, 17* (13), 1421-1441.

Zahra, S. A., Gedajlovic, E., Neubaum, D. O., & Shulman, J. M. (2009). A typology of social entrepreneurs: Motives, search processes and ethical challenges. *Journal of Business Venturing, 24* (5), 519-532.

Internetquellen

Ashoka Schweiz: http://switzerland.ashoka.org/social_entrepreneur [22. März 2012]
Ashoka Schweiz: http://switzerland.ashoka.org/beziehung_se_sb [22. März 2012]
ChangeFusion: http://www.scribd.com/doc/8451734/Social-Entrepreneurship-Definition-Matrix [22. März 2012]
Foundation Center: http://trasi.foundationcenter.org/search.php [12. März 2012]

Anhang

Anhang 1: Interviewübersicht

Social Entrepreneure (Leitfragebogen Nr. 1):

Interviewpartner	Organisation	Datum	Interviewart
Andreas Heinecke	Dialogue Social Enterprise	10.04.2012	Persönlich
Thorsten Jahnke	iq consult	11.04.2012	Persönlich
Niels Rot	The Hub Zürich	24.03.2012	Skype
Hildegard Schooß	Mütterzentren Bundesverband e.V.	19.03.2012	Telefon
Stefan Schwall	apeiros	22.03.2012	Persönlich
Attila von Unruh	BV INSO – Bundesverband Menschen in Insolvenz und neue Chancen e.v.	30.03.2012	Persönlich

Externe Wirkungsmessungsexperten (Leitfragebogen Nr. 2):

Interviewpartner	Organisation	Datum	Interviewart
Thomas M. Fojcik	Universität Duisburg-Essen	13.04.2012	Persönlich
Philipp Hoelscher	PHINEO	03.04.2012	Telefon
Rainer Höll	Ashoka Deutschland	02.04.2012	Telefon
Susanna Krüger	goodroot	03.04.2012	Telefon
Marlon van Dijk	social E-valuator	05.04.2012	Skype

Anmerkung: Das Interview mit Marlon van Dijk wurde auf Englisch durchgeführt (Leitfragebogen Nr. 2 (Englisch)).

Anhang 2: Leitfragebogen Nr. 1

Leitfragen für Interviews mit Social Entrepreneuren

1. *Darstellung des Sozialunternehmens moderner Art*
    I. Stellen Sie bitte kurz die Organisation, die Sie vertreten, dar und die mit ihr verbundenen gesellschaftlichen Zielsetzungen.
2. *Definitionsklärungen*
    I. Womit verbinden Sie den Begriff Wirkungsmessung / Social Impact Measurement?
3. *Einstieg: Social Impact Measurement in der Organisation*
    I. Womit / Mit welchen Maßnahmen verbinden Sie in Ihrer Organisation Social Impact Measurement / Wirkungsmessung?
4. *Ansprüche an Wirkungsmessung*
    I. Wie würden Sie den Anspruch an die Messung Ihres sozialen Erfolgs, den Sie an sich selber bzw. Ihre Organisation stellen, beschreiben?
    II. Wie würden Sie den Anspruch an die Messung Ihres sozialen Erfolgs, der von externen Partnern, Investoren, Organisationen, Personen etc. an Sie gestellt wird, beschreiben?
5. *Selbsteinschätzung*
    I. Beurteilen Sie die Wirkungsmessung in Ihrem Unternehmen / Ihrer Organisation.
6. *Umsetzung, Potentiale und Problematiken der Wirkungsmessung*
    I. Erleben Sie Hürden in der sozialen Wirkungsmessung?
    II. Sehen Sie Optimierungspotential in Ihrem Social Impact Measurement?

Anhang 3: Leitfragebogen Nr. 2

Leitfragen für Interviews mit Experten

1. *Darstellung der eigenen Person und institutioneller Anbindung*
   I. Stellen Sie sich und ggf. die Organisation, die Sie vertreten, kurz vor. Gehen Sie bitte zudem auf Ihre Verbindung zum Social Impact Measurement ein.
2. *Definitionsklärungen*
   I. Bitte definieren Sie den Begriff *Social Impact Measurement*.
   II. Bitte definieren Sie den Begriff *Social Impact*.
   III. Bitte definieren Sie den Begriff *sozialer Erfolg*.
3. *Ansprüche an Wirkungsmessung*
   I. Wann ist Social Impact Measurement Ihrer Meinung nach zufriedenstellend ausgeführt?
4. *Rolle von Frameworks*
   I. Bitte beurteilen Sie die Rolle von Frameworks (bspw. Impact Value Chain) für das Social Impact Measurement.
5. *Rolle von Measurement-Tools als Methodik*
   I. Bitte beurteilen Sie die Rolle von Measurement-Methoden (bspw. SROI) für das Social Impact Measurement.
6. *Hürden / Problematiken*
   I. Sehen Sie zentrale Hürden / Problemfelder im Social Impact Measurement?
      i. Konzeption
      ii. Implementierung / Messung
      iii. Reporting
   II. Wo sehen Sie Optimierungspotential? Was sind kritische Erfolgsfaktoren für funktionierendes Social Impact Measurement?

Anhang 4: Leitfragebogen Nr. 2 (Englisch)

Guiding questions for interviews with experts

1. *Introduction of yourself and your institutional / professional background*
   I. Please introduce yourself (and the organisation you are representing). Please describe your affiliation to social impact measurement.
2. *Definitions*
   I.   Please define the term *social impact measurement*.
   II. Please define the term *social impact*.
   III. Please define the term *social success*.
3. *Requirements for social impact measurement*
   I. What are the conditions that should be met in order to realise social impact measurement to a satisfactory extent (within a social entrepreneurial organization)?
4. *Frameworks as tools*
   I. Please evaluate the importance of frameworks (e.g. impact value chain) for social impact measurement.
5. *Role of measurement tools*
   I. Please evaluate the importance of measurement tools (e.g. SROI) for social impact measurement.
6. *Problems in social impact measurement*
   I. What do you regard as the main difficulties regarding social impact measurement?
       i.   conception
       ii. implementation/measurement
       iii. reporting
   II. What do you see as potential for further optimisation? What are critical success factors for social impact measurement?